魅力罗田

周厚辉　著

武汉理工大学出版社

图书在版编目（CIP）数据

魅力罗田/周厚辉 著.—武汉：武汉理工大学出版社，2019.9
ISBN 978-7-5629-6017-1

Ⅰ.①魅… Ⅱ.①周… Ⅲ.①罗田县—地方史 Ⅳ.①K296.34

中国版本图书馆CIP数据核字(2019)第084014号

责 任 编 辑：姚　飞
责 任 校 对：刘　凯
装 帧 设 计：陈　西
出 版 发 行：武汉理工大学出版社
社　　　　址：武汉市洪山区珞狮路122号
邮　　　　编：430070
网　　　　址：http://www.wutp.com.cn
经　　　　销：各地新华书店
印　　　　刷：武汉市金港彩印有限公司
开　　　　本：710×1000　1/16
印　　　　张：13.5
字　　　　数：190千字
版　　　　次：2019年9月第1版
印　　　　次：2019年9月第1次印刷
定　　　　价：59.00元

前言

　　净几临窗读书得间，不出家门游遍罗田。罗田凤引九雏河清云庆。生命尽展欢颜，大地生机勃勃，万物苏荣。山川恬静自如，河水欢快无比。蓝天飘逸的云朵也感染美丽。叠嶂的群山斗艳争奇！

　　千里大别，天堂独秀，湖光峰影，美不胜收；
　　百里画廊，农苑修竹，田连阡陌，钟灵毓秀；
　　十里荷塘，鹃红柳绿，桂馥兰香，鸟语啁啾；
　　五条河流，绿水悠悠，赪叶丹枫，一幅画轴。

　　拉开这幅画卷，欣赏其美丽容颜。仙姿佚貌大别山，楚水吴山在罗田。三十八寨八关十九岩。五大山脉百游不厌，大别之巅雄奇伟岸。五大流域巴水之源，天堂湖水碧波微澜。数眼温泉沸涌潺湲。

　　大别盆景根巅著称，地质公园深谷为陵，陆核新太旷古绝伦。哲人观海景星庆云；森林公园引人入胜。湿地公园生态谐音。园林之县百鸟朝凤，北山南水山鸣谷应，田园村庄春和景明。风光旖旎得天独厚，伊甸之园精妙入神——这就是绚丽罗田的写真！

　　远古的罗田曾经发生过鸠兹之役、子重伐吴。罗田的历史名人名声显赫。天完皇帝徐寿辉、政治家王韶、医圣万密斋、抗清英雄王鼎、京剧泰斗余三胜、思想家周锡恩、方志学家王葆心、首义英雄张振武、军事家文建武、革命英雄肖方、李梯云。

从抗日战争到解放战争，刘伯承、邓小平挺进大别山。许继慎、徐向前、杜义德、皮定均、王树声。张体学、肖方、李梯云、漆少川、谭振彪、丁宇宸、戴汝平等老一辈革命家和英雄们，为解放罗田身经百战碧血丹心！

历代英雄豪杰名垂青史，他们的壮举赢得了后人的崇敬。英雄人物虽逝，大将风范犹存。清风峻节较德焯勤，精神永远激励着后人。当今有中国科学院院士朱英国。有两位年仅19岁舍生忘死的大学生。方招荆州勇救落水儿童而捐躯；王盼上海街头勇斗歹徒而献身！

今天的罗田到处洋溢着团结友善、和谐文明的气氛。不断涌现出许许多多的道德楷模。诸如有用一己之力，养活两个弃婴的单身精神病"父亲"；有跪地施救的"最美女孩"；有面对歹徒挡刀的"拦刀哥"……"罗田好人"这些成为弘扬社会正能量的典型！罗田的精英光彩照人，他们谱写出灿烂的人生。

今天的罗田海晏河清，社会秩序祥和稳定，建设事业稳步推进。二〇一七年，罗田获得社会治安综合治理"长安杯"全国百强县称号。九资河镇、胜利镇、三里畈镇荣获全国重点镇，全国文明镇中九资河、三里畈榜上有名。潘家垮被评为湖北"特色文化村"，九资河入选湖北三宝镇。罗田的美丽乡村比比皆是。教育文化、科技卫生、住建交通、工农服务业、经济贸易、政法事业各行各业齐头并进。

罗田这厢福地，地负海涵物阜民丰。它是世界闻名的板栗之乡，享誉中华的甜柿之乡、桑蚕之乡、野生兰草花之乡。九资河茯苓蜚声海内外，用它酿制的茯苓酒在国际博览会上摘银。传统吊锅被上海大世界吉尼斯认证中心颁发"天下第一吊锅"。

民间艺术百花齐放，有被誉为戏剧"活化石"的东腔戏，它博大精深曲尽其妙。唱出了罗田、唱进了上海、唱到了北京。皮影戏唱出了国门。

过去罗田是贫困县，改革开放的号角启迪了罗田人的斗志雄心。县委、县政府始终不渝调结构、稳增长、惠民生，坚定信念攻坚脱贫，让老百姓有了更多获得感。全县上下以扶贫扶智，挖掘穷根为己任。实施偏远穷困农户异地搬迁，让农村逐步走向城镇。形成了农村城镇化，城乡一体化。而且因地制宜引导农民，适时调整产业结构，种植业、养殖业得到长足发展，并以旅游带动其他行业，农民收入逐年递增！

罗田鼓励大众创业，万众创新。大力发展民营企业、独资企业、合资企业，激活了县域经济。采取多种形式，创办各种类型的农业合作社，让农民从根本上摆脱了贫困。县、乡两级通过招商引资广辟财源，财政收入逐年增进，国内生产总值持续攀升。

　　良好的生态环境，关乎人们的幸福指数。近年来罗田加强环境保护以创造优美的环境，推动经济发展的进程。保护植被，留住青山绿水，防止水土流失。遏制竭泽而渔，维护生态平衡。整治环境污染，实施节能减排。本盛木荣珍惜资源永续利用惠泽万民。

　　交通是发展旅游的关键。罗田的道路陌阡，交通井然有序。血肉丰满的罗田魅力四射，是投资的热土，它已为求职人员搭建好创业平台。为创业者们提供舒适、宽松的投资环境。罗田人广结善缘，宽容热情、淳朴真诚，已敞开双臂，迎接来自五湖四海的游客和投资的贵宾！

二〇一九年春

目录

楔 子

　　一部描绘罗田的大型纪录片《千里大别山，美景在罗田》，歌颂了湖北，歌颂了美丽罗田！中央电视台将罗田推向了全国，罗田走向了世界。要热爱罗田，得熟知罗田。何为罗田？有诗曰：

　　云烟缥缈多云山，　蕙草兰花袭人间。

　　玄武英豪隐凤楼，　朱雀观音坐白莲。

　　巴河源自三省垴，　楚吴分疆瓮门关。

　　地质公园秋沙鸭，　蛟龙盘曲凤缘边。

这首诗只将罗田的区域坐标、地理形态、风景名胜，作一番艺术上的瞰胜和浮游。要悉数罗田不仅仅应观看她的蕙质兰心，而且还应着重于她所积淀的文化底蕴。

受作品题材拘限，因此运用"楔子"格调来敷陈真实的人物、地名、奇景、特产和民间趣谈。以图文戏说讴歌多姿多彩美妙绝伦的旅游胜点。本书既是一本旅游手册，又是一卷百看不厌的"万花筒"！

LUOTIAN BEAUTIFUL SCENERY MAP

Duo Yun Mountains in the sky rise smoke of dimly discernible ，

A species of orchid fragrance raid man's world.

Heroes hid in the JingFeng building side the black tortoise，

Guanyin bodhisat sits Bailian on the rosefinch.

Ba River source flows from the source Three Province Peak，

The country Wu and the country Chu had as the boundary the Weng Men Pass.

Please enjoy the geologic pak in the world and look Chinese? merganser.

The dragon coils beside the phoenix.

第一篇　府邸悠长义水湾
塔光辉映李蟒岩

楔子中"凤缘"的那幅浮雕，屹立于义水河畔。寓意中华太平盛世，国家长治久安，显示千年古镇青史流芳，见证官渡河两岸沧桑巨变。因为有凤才叫"凤山"，它是罗田乡镇的领航船。

提到凤山可招人显眼，二十世纪九十年代初，美国人就在卫星上瞧见了罗田。一家杂志在报道中国改革开放巨变时写道："……在中国的大别山南麓崛起了一座灰白色的小城。"——这座小城显然就是罗田城关。

【李茂　摄】

县政府门口一座古朴典雅、石阶彤庭的庙宇——大成殿。它屹立于城市中央，门前四根大柱，青墙黛瓦，檐牙高啄，形如鸟翅。它因多次迁建，最终在清乾隆年间（1759年）落座于如今的县政府门前，距今近260年。大成殿是孔庙（又称文庙）。史书记载：春秋卅二年儒家学派创始人孔丘——陈蔡之野，来楚国巡游设堂讲学。"万世师表"的儒家思想早在公元前就根植于罗田。探寻圣人的足迹发现：罗田有三个"夫子岭"，一个"圣人冲"，两个"圣人堂"。至今三里畈和官渡河还保留有孔庙，足见罗田的文明历史久远。

后人缅怀圣人，弘扬中华民族文化，兴建孔庙祭祀"至圣先师"。既是纪念这位伟大思想家、政治家和教育家，又是崇尚先师文化的历史见证。大成殿也称夫子庙、孔圣庙、先师庙，还是历代读书人科举考试之地。罗田孔庙始建于元代，至今仍然保留着正阁，时不时有文人墨客前来朝觐、观看。

横穿城中那条由东向西的河流，名唤义水湾。它如同大成殿一样有着悠久历史渊源。河道蜿蜒曲折，河水碧绿清澈，发源于跨马墩流域，纯属大别山泉。据《罗田文史》记载："义水河原名官渡河，其实真正的义水河在石桥铺。"从康熙年间至今，人们张冠李戴，错把官渡河称为义水河，以致误读数百年。随着历史的变迁，官渡河被人错称为义水河，义水河再泛出义水外滩。义水河不仅富有神韵，而且还能见证罗田的昔日与今天。

县府门前大成殿，大成殿外义水滩，义水滩边有凤凰，凤凰观望老塔山。这块风水宝地就是凤山镇，这就是富有魅力的罗田！

要领悟罗田的魅力，得了解历史地理和人文脉案，就还得从这座古城开端。凤山镇顾名思义与凤结缘，人们的心目中离不开凤。传说一只淡红丰润的凤凰，在向大别山主峰迁徙，行至义水河畔，发现这里的景致非同一般：河似蛟龙绵延盘曲，蓝天碧水胜过江南。前有老塔山，后有拨云尖，左边是启迪人类智慧的书院，中央是引领罗田走向幸福的决策机关。凤凰与罗田结下了不解之缘，终于选中在义水河畔搭窝、生息、驻点，终年观赏玉屏塔的美景；品味唐梅、丹桂之清香；尽饮"东坡""白龙"两井之甘泉。人们在义水河畔为其塑像，视它为神灵，留住它的形象，顺应它的意志，满足它的向往——丹凤朝阳。

虽有历史沧桑变幻，但凤凰把吉祥、幸福带给了罗田。自从来了凤凰，罗田从穷乡僻壤变成鱼米之乡：年年风调雨顺，岁岁平安。自从有了凤凰，这里千百年来没出现瘟疫、天灾人祸，始终平安无恙。自从来了凤凰，罗田人才辈出：继天完皇帝、北宋宰相、明代医圣、京剧鼻祖、清末翰林、方志学家之后，当今有舍死忘生的英雄方招、王盼、中国工程院院士朱英国，他们是罗田人的偶像！

凤凰，是上苍赐给罗田的吉祥物，几百年来护佑着罗田一路顺畅。传说为了永远留住凤凰，上苍骤降山丘，用"凤凰关"锁定凤凰。这凤凰关同样韵味悠长，"竹排上载埠，山上濛濛雾，石桥连着铺，石上能晒谷"。于是后人创意称：牌形埠、濛濛山、石桥铺、晒谷石。这濛濛山、晒谷石中间当年原本是一条大峡谷，谷底为兵家要地步兵河。人们在步兵河上筑起一道大坝蓄水，那就是凤凰关水库。而今"山映斜阳水接天"，库畔风景优美，是一幅天成的美丽画面。高速公路桥从水面掠过，宛若一道长虹飞架东西两边。

蛰虫昭苏，凤凰关春意阑珊，桃柳争芳。清晨水面升起淡淡的雾障，偶尔射进一缕朝阳，凤凰关看似绿色的绫罗画舫。小舟在翠绿的绸缎上漂荡，渔翁撒网泛起层层白浪。北雁南飞，凤凰关柏叶丹枫染红了山岗。库畔的稻田一片金黄。凤凰关的春秋山色空濛。水茫茫鱼满舱，渔歌晓唱，响彻蒙蒙、晒谷之滨。

昔日的官渡河水仍然还在流淌，但它早已不是旧时的模样。如今，清波粼粼水荡漾，鱼翔浅底排成行。

【邱亚林　摄】

自从义水河改建成义水外滩，河水更加清澈明亮。数九寒冬仍有成群的候鸟在河中觅食，义水外滩就是白鹭的家乡。偶见一群海鸥来宜，千载难逢现奇象，破天荒！河滩两岸名贵花木成荫，既可纳凉又可欣赏。大理石镶嵌的路面，冬天踏上温暖，夏天倍感清凉。一条条绿化带锦花绣草，彩蝶纷飞满城清香。

【黄卫民　摄】

游览外滩公园，沿河绿草如茵，广玉兰、香樟树下，杨柳、翠竹林旁，不时响起舞蹈的音乐声声。水杉林里悠扬婉转的歌声配以管弦伴奏，胜过一场洋洋盈耳的音乐会，感同身受维也纳的音乐大厅。音乐唤来外滩里的游鱼出水，凤凰也侧耳倾听。欢乐之声换来游人的喝彩声，衣香鬓影的贵妇，牵着温顺的金毛、憨憨的英国斗牛踯足凝神，水边依偎对对情人脉脉含情。孩童天姿烂漫可爱可亲，老人围坐林荫道石凳，议论世界形势，赞颂国富民殷。中华大地歌舞升平，好一派休明盛世！

登上旋转楼梯，贴近凤凰身旁，看那树荫底下，三人一组四人一场，井然有序相得益彰。这里曾经是娱乐者的竞技场。娱乐的人群散尽，夜色低沉星稀月朗，那凤凰舞池中幽暗的灯光和悦耳音乐令人痴狂，就连路人的脚步也不由自主地随着旋律踏浪。恰恰、伦巴、探戈，舞客们轻歌曼舞、鸾回凤翥，踩着音乐节拍个个神采飞扬。

夜幕降临华灯初上，鳞次栉比的高楼大厦灯火阑珊，像天上的流星陨落在人间一样。马路两旁霓虹灯五彩霞光，在烁亮的灯光下漫步，晃晃悠悠。罗田大桥是最明亮的地方，远观美轮美奂，彩灯映水折射的光环溢目辉煌。凤城夜景堪比巴黎、迪拜、悉尼，感同身受、奇彩和光一张张恬淡惬意的笑脸，一个个乐而忘忧欢聚一堂，彰显出生活在这泱泱盛世里的市民，只有快乐没有惆怅！满城火树银花，人车项背相望。公园里的喷泉漫天细雨，外滩的人流熙熙攘攘，城中万人空巷。晚唐诗人王建在描写扬州夜市时感慨："夜市千灯照碧云，高楼红袖客纷纷……"而今高科技的照明设备，现代化的游乐场所，与当年的扬州夜市相比判若云泥，不啻天渊，迥然两厢！

河东的老塔山高440米，山中树影婆娑，奇石清泉。一条弯弯曲曲的林荫道直达玉屏宝塔的旁边。道路两旁绿树浓荫鸟语轻喃。老塔山形同立在城东的一面秀丽屏风，故人又称它"玉屏山"。

二十世纪政府将玉屏山修建成塔山公园，改扩建禅院。庙内有五殿二楼，方丈塔、九龙壁、法场流通外、僧人活动中心等。清元寺雕梁画栋富丽堂皇。晨钟鸣佛寺，暮鼓振山林。"玉屏竞秀，禅韵梅馨"彰显寺庙的辉

【毛东风　摄】

煌。寺内佛祖如坐云端，遨游于仙境。引得文人吟辞起兴：

屏山悦鸟性，唐梅菩提深；万籁清静寺，木鱼绕梁音。静听诵经之声，如同一湖秋水，泛起微微的波纹。经声似乎能承载千年的日月，经声能驱散世间的阴云。

县志记载：唐代以前的塔山顶建有女娲娘娘庙。唐贞观年间建宝塔与佛寺。元朝末年（至正十年秋）徐寿辉在天堂寨起兵，八月出兵县城，古塔及禅院焚为废墟。到明洪武初年在故址上重建清元寺。乾隆十三年（1748年）因正传和尚师徒化募，并在山顶唐塔故址上重建七层砖塔。清同治年间为雷火焚毁。康熙时县志有云：其山松抱如城，一溪曲折，大唐建立禅院，出石

建亭，花茵满路，时鸟变声，秋日丹枫绚彩。清元寺内庭院中梅花、丹桂两株，为唐贞观时所植。县志曰"因岭有唐塔而冠名"。"老塔唐梅"也因此而得名。

塔山寺庙周边怪石层出，莫可名状的石头各自都有头衔，如放鹰石、腰带石、猪嘴石、菩萨石、念经坳、石蒲团。在猪嘴石上仍保存有康熙四十七年罗田知事沈廷桢诗刻：

（一）

玉屏山半寺深藏，犬吠方知近佛堂。
借问唐梅何在否？老僧只道野花香。

（二）

我来不听读书声，曲径才通睡虎亭。
到此举头天尺五，拨云直可摘星辰。

这首诗记述了当时塔山寺外，花茵满路、幽径曲折，依石修建的"睡虎亭"和绿荫围城的五尺天。有榭有亭，名人筑屋读书，康熙年间太史雷天铎和道光年间太史陈韵石的读书石室，还有僧人与"神虎踞亭"看护读书之人的故事。

今天玉屏山的禅院、万佛塔、电视发射塔、玉屏亭、塔山公园已成为市民的休闲乐园。清元寺为罗田佛教事业树立了标杆，万佛塔给秀丽的屏风再添一景。塔在古代彰显着一个地方的形象，聚政治、宗教以及举行各种祭祀活动的中心场所。玉屏塔追寻华夏之渊源，延续民族之风韵。它承载着佛的光辉，教化众生弘扬佛法之意。从咸丰同治年间宝塔被毁直到乙未年（2015年）重修七层宝塔，还塔山本来之容颜。如今的玉屏塔，又名万佛塔，形如春笋，宏图华构，斗拱飞檐，犹如擎天一柱直插云端。既供人们悠游赏景，又能显现华夏的巨变。清晨登临宝塔，凝神伫立眺望三十里长的义水湾：淡淡的薄雾缕缕炊烟，高楼大厦与义水河浑然一体。夜晚彩灯映塔辉煌璀璨，万佛塔焕发出的光芒照映到凤凰关、十里铺和李蟒岩，与义水湾边的霓虹灯相互映衬，分不清是银河还是人间。义水、凤凰、宝塔、玉屏山苍翠欲滴、五彩斑斓。正如《诗画罗田》所云：城含青翠居仙境，俏若天姿半遮羞。画里神游非梦幻，难得诗意的风流。

清元寺大雄宝殿旁边石隙中有千万年流出的清澈潆洄的山涧。自贞观以来一直称它"玉液龙泉"，名不虚传。龙泉清澈明亮，没有杂质，没有污染，富含多种矿物质元素，纯天然，胜过"农夫山泉"。为了保护宝贵水资源，让凤城人饮纯净的山泉。政府花大力斥巨资，穿山凿洞"引凤入城"，将凤凰关优质清澈的库水，从玉屏山石隙中再次过滤，引流到凤凰的喙边。

今天的凤城人把自来水称为"玉屏泉"一点都不玄，凤城人不再饮用他人矿泉水，畅饮自己品牌"玉屏泉"。

听过了凤凰、塔山的简介，看过了大成殿，逛完了义水外滩，走进了清元寺，登上了玉屏塔，该下老塔山。此时您会许觉得有点疲惫不堪。不妨再来一副解乏的良方，邀几位知己，提瓶"玉屏泉"前往城西李蟒岩观光。李蟒岩高700米，山峰唤"万全"。千年古刹龙泉寺，石笋、令牌、冲担石；盘虬卧龙银杏参天。欲知万全寨为何唤"李蟒岩"，那就骑驴看唱本——走着瞧吧！

登上李蟒岩顶端，满目绿水青山。黄州赤壁若隐若现，巴河水涌惊涛拍岸。迎朝阳看义水湾的楼宇擎天，顺落日望大崎、平湖、三里畈近在眼前。坐在古

【王志高　摄】

老银杏树下，禅房木鱼声悠远。岩顶静观棋盘石，身临汉界楚河边。吾棋一局事千年，笑对红尘，输赢淡然。意在释放心灵，怡然其乐，真正回归了大自然！

游过山，观过岩，回头再看东坡和白龙两井。北宋时期一个初夏，传说东坡先生拜访宰相王韶①之父燕国公王世规。晚饭后二人散步，东坡先生发现鲁家冲（现罗田一中地）老槐树下那口井快要荒废，十分惋惜，连连叹息了几声。王世规察言观色，记在心里。第二天派人把井清理、重砌。几天之后东坡先生游览大别山胜景归来，见井水清澈，沏茶香气浓郁，解热提神。有道是"先生有情，古井有幸"，后人称此井为"东坡井"。

康熙和光绪县志都有记载：位于县城东考棚（大成殿）左侧有一口深井，水清如镜。顺治六年，东海龙王三太子从长江游入巴河进官渡河，栖身于官渡河边的此井中。终于有一天，人们晌午看见一条白龙从井中腾空而起。这就是人们所说的"白龙井"。

凤山镇有许许多多故事和景点，您看不够，听不完。趁着美好心情从武英高速出口到高架桥下富丽堂皇的大别山客运站。沿路有高品位、现代化的罗田工业园，可以一饱眼福。直行4公里右拐至行政新区，一方山水·塔山城——罗田的五星级宾馆，可以在此稍作停留，冲一杯咖啡，品几片糕点。再去观赏沿河两岸花红柳绿，欣赏风姿绰约的妇女舞姿蹁跹。倘若余兴未尽，还想听奇闻故典，汽车开到淤马潭站，师傅会侃侃而谈。相传这里过去是一个大深潭，从前有户养马的人家，从外地买回一匹雌马，不久产仔，仔马长得健壮高大。一天雌马发情，主人知道两马是近缘，于是将母马全身染

---

① 字子纯，生于1029年，卒于1081年，大河岸人。进士出身，据王氏家谱记载，宋熙宁元年，因上《平戎策》三篇，帮助宋神宗收复西夏河洮、熙河等地而受重用。官至礼部侍郎，枢密副使，与王安石并列为皇帝的左丞右相。

色蒙上眼睛，终于配成一段屈辱的"姻缘"。仔马知道受蒙、受辱，跳河自寻短见。从此得名"淤马潭"。牲畜尚知伦性，人类应该为动物点赞！如今淤马潭清澈幽深，外滩更是热闹非凡。三十里长的义水湾建起了六座大桥，已成为市民的水上游乐园。

饱赏了义水湾的美景之后。您从外滩起岸，乘坐六路人公交余光一瞥彩绘画梁坊的万密斋医院，医院对面一条近五百米长隧道直通巴源、江夏两桥之间，这里是北城岗公园。左邻玉龙雅苑、红枫广场，左舍实验中学、学雅花园。北城岗四面绿树繁花，桃李芬芳，园中锦鲤游弋，百花争艳，书韵飘香。校园中个个英姿焕发踌躇满志，伏案疾书思绪激扬。北城岗作为育英才书声朗朗、校与校相连教育最集中的地方。精英辈出，如同过江之鲫遍布四面八方。校前涓涓流水，校后有起势的凤凰。

来北城岗游玩，交通便畅。四周层台累榭，有广阔的绿茵场。运动健儿龙争虎斗，童叟健身斗志昂扬。这里没有奇景游乐场，但它是培养人才的温厢。

凤山镇的景点甚多，故事恒河沙数，离奇传说意犹未尽。北丰原称"百凤"。相传盘古开天地之时，北丰有一百只凤凰。其中一只大凤凰飞往官渡河畔，剩下九十九只。于是后人不得不将"百凤"改为"北丰"。这凤头就是县政府所在地，后面的那条山脉是它的躯干，凤尾一直延伸至北丰"两河口"岸。山形如飞凤，才有"凤山"之说。文中的"凤缘"是指那尊石雕，富有神话色彩。其实啊，凤山镇在康熙时期称"凤山"。到光绪时期称城关镇，中华人民共和国成立后复名为"凤山"。就因为有那条象形山脉，才唤县城为"凤山"。

凤山镇既古老又文明，有讲不完的典故，看不够的景观。位于栗子坳大桥下，世界地质遗迹保护点，由距今25亿年的英云闪长岩、奥长花岗岩和花岗闪长岩三类岩石合成的"新太古代TTG岩系"可谓和壁隋珠绝难一见，看到它殷浩书空。还有光绪元年流传至今的八景，名字听起来余味无穷言近旨远：

　　凤山春晓　印台夜月　义水清波　长春双柏

　　横堤烟雨　塔山秋色　王道汉松　天堂积雪

注：印台夜月即淘金夜月，长春双柏又名五显宋柏。

出城五里地的东北部有座360米的高山，叫王道山。山上有上下两座古庙，历史悠久。传说一姓王的道人于此地飞升而得名。道人汉朝栽植松树，至明、清时期，汉松早已合抱不交，犹葱翠苍劲。这就是流传几百年的王道汉松故事。王道山庙原为道观，始建于西汉。道家有炼丹成仙，白日飞升之说。《神仙传》记淮南王刘安（公元前179年—前122年）就飞升成仙，鸡犬啄食余丹，亦皆飞升，真是"一人得道，鸡犬升天"。《黄州府志》载一说，嘉靖皇帝最宠信的国师陶仲文原是在王道山修炼的。因此，光绪县志才将它列入罗田八景之一。

玩过了城东的王道山，再看城西的玉泉寺。它始建于唐代，寺内常年轻烟袅袅。因寺后泉水长流，其水光净如玉，故名玉泉寺。玉泉寺山溪环绕，四周苍松翠竹，绿草繁花，人称"金盆托鲤"。

参观了道观，朝拜了寺庙，再去拨云尖的庵堂祈福吧！拨云尖公园是市民休闲赏景之地。走正门登百级台阶，只见高大门楼雕龙画凤。公园两侧入口，光洁的大道直达云尖。尖顶的亭、廊掩映在苍松、翠竹、绿树丛中。半山腰的慈云庵坐东朝西。庵堂香火鼎盛。拨云尖公园既是佛地净土，又可休闲养生。

离开了拨云尖去市民广场释放心灵。塔山旁边的市民广场，占地面积近百亩。广场主体格调是阳光草坪、格桑花海。栽种有无患子、栾树和观赏乔木。休闲园路、湿地荷花池、廊架、彩绘、健身器具一应俱全。最养眼的是文化长廊，用壁画诉说悠久的历史。看壁画回味古人传颂的八大景观，对比今天幸福的罗田，一个太阳两重天！

悠长漪涟的义水湾不可胜言。晴朗的夜晚还可以去甫薇山庄观赏奇幻空间。那里有不为人知的义水泛舟，言之不尽的石砌青云寨哨卡隘关。赏大雾桐花，能在大雾顶上看翻船（北丰街后人称覆船山）。再去观赏鸟雀林里飞禽遮天，你会乐而忘忧眉开眼笑。凤山镇动人的传说和神奇景点，任凭你去探知欣赏。或许觉得它难以捉摸，有缘下次相见，导游一定会满足你的心愿！

凤山镇美丽乡村不可胜算，李蟒岩脚下石源河，就是脱贫致富的样板，也是县城的后花园，漂亮的农家小院镶嵌在两山之间，绿水长流青山掩映。党家山水库浮光掠影，层台累榭花团簇锦，尤有那座富有传奇色彩的石拱桥，古时人称它"花石桥"。花石桥系花姓侍女捐建而得名，尽管它历经风雨洗刷，仍能显现出风韵。站在党家山顶眺望，楼房、青山、小溪、石桥、古庙画地成景。沿小溪的公交车路过家门，踏青悦景花香鸟鸣，渔歌唱晚亦能览胜大自然风情。

凤山镇是十二条交通线路的中心枢纽，奔向富强的始发站。县委、县政府操控载有六十三万人的"列车"正驶向没有贫困的彼岸！凤山镇是罗田消除贫困的典范。它引领各乡镇的攻坚脱贫，缩小贫富差距助推改革发展，让罗田人获得更多收获感。

凤山镇领衔罗田的巨变。它既是罗田的一块招牌，又是全县的样板。今天的凤山镇水更清天更蓝，现代化建设速度日新月异。相信"两个一百年的奋斗目标"一定能够实现！那束"银白色"之光正在全中国闪亮，光芒已经折射到了地球另一边！

第二篇　大别独秀天堂寨
地质公园别洞天

人啊！纵然有金山银山，还爱绿水青山，游遍世界名胜，仍恋家乡罗田。

罗田——可爱的母亲，有着国色天香一般的容颜，她的肌肤散发出缕缕幽香。春天杜鹃、兰草花芬芳馥郁；夏日荷花、紫微朱颜粉面；秋天木樨、黄菊漫山遍野；寒冬腊梅、茶花留香凌寒。

罗田——连绵起伏的群山，貌似大海掀起的波澜。早年就被誉为国家森林公园；今天已是国家风景名胜区、世界地质公园。群山粗犷而冷峻，陡峭的岩石具有艺术范（儿）。家乡的山、石、岩，就是一首深邃的诗篇！

罗田的山巍峨雄伟，悬崖巨石亲密无间。中国地质大学校长、中国科学院赵鹏大院士览胜罗田亲笔留下："千里大别山，根巅在罗田！"

世界地质公园名实相符：罗田地质岩系的生成早于侏罗纪时期，有独树一帜的研究价值。目前已发现大崎黄土岭"古陆核"距今28亿年，属麻粒岩相，紫苏石榴黑云片麻岩。栗子坳"新太古代TTG岩系"距今 25亿年。朱家河"榴辉岩"距今16亿年。这些奇珍异玩、稀世之宝生成的年代均早于中国之巅，全球也微乎其微。它们是地球早期演化和造山带构造发展的结果，属大别山的根带花岗

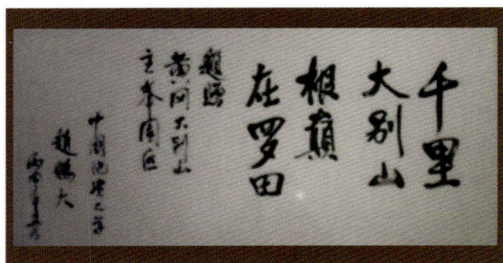

绿岩带，是"大别山之根"，弥足珍贵的自然奇观。

山山有石石护山，石石山山亲相连，石与山是"姊妹"。罗田是石趣园，素以岩石而闻名国内外。按其珍贵程度有：大崎的古陆核、凤山的新太TTG岩系、骆驼坳的榴辉岩、平湖罕见水晶石。这些世间稀有的石头价值连城，你也可以想象得到，只可观其形，携玩是不可能！

戏说石头如：晒谷石，石头板、石河湾，錾子石、乌石冲，葫芦石、黄石河。石马山、乱石寨、石井头、滚石坳，他们都是用石头命名的村庄。

罗田是石头的部落。大型板块石、无形无状不起眼之石随处可见。但奇特妙趣的怪石，则给人们留下深刻印记。如薄刀峰鹰嘴石、黄狮寨蛤蟆石、白莲河猪头石、落梅河擎天石、胜利掬鱼石、牌形地作脉石、丁家山狗子钻框石、小蒜坪青蛙石、大河岸太公船形石、枫树铺降龙石、匡河雷祖石、大崎山试心石、八迪河叠石。它们都是从外观和形态上命名的。

罗田地处千里大别山的最高处，山林面积达225万亩。山林在罗田版图面积上占据百分之八十，并有国家森林公园、国家自然保护区。罗田的山林不让土壤：东北部林海苍茫，松涛相伴林籁泉韵，演绎着大自然的天性。寻幽探胜，古朴的风情令人心醉神迷。山巅盆地河谷平川，纵横交错分布在此起彼伏的丘陵之间。北高南低，形成自北向南的山脉走势。吴楚分疆，万壑千山；峰峦叠嶂、古寨凌空、雄关峡险，且多是海拔千米以上的高山。数说罗田关、寨、岩、峰、尖，有八关三十八寨十九岩。而且它们的名字各有出处，来历相映成趣，景色蔚为壮观。古人曾饶有趣味地组合了一副对

【徐仲贵　提供】

联：

　　大雾蒙蒙，老塔和尚听鸡鸣哲人撞鼓；

　　天堂独独，蕙兰仙女看将军马面扬旗。

这副对联点出了大小十四座名山。而且把"山"人格化了，道出了它们各自的名由和气势。世代的罗田人传之为佳话趣谈。

历史上的蕲黄四十八寨，其中天堂寨立异标新，独领风骚。天堂寨属二长花岗岩体。罗田诸山均由它发脉。共分四大山系：第一香炉观山系；第二薄刀峰山系；第三天花坪和紫山垴山系；第四富居寨山系。这四大山系又派生出五大支山脉。第一支香炉观山脉，包括笔架山、瓮门关、青苔关、三省垴、献旗岭、黄狮寨；第二支薄刀峰山脉，有大弧坪、独尊山龙王殿、扬旗寨等山；第三支天花坪山脉，横贯县境中部有石柱山、鸡鸣尖、狗耳尖、乌云寨、大雾山、古羊寨、撞鼓岩、李蟒岩；第四支紫山垴山脉，有荣华寨、古城寨、南宝山、晒谷石、魁山、濛濛山、观音山、大龙寨、天保山、将军寨、望江垴、石马山、天明山；第五支西南山脉，有富居寨、薄金寨、狮子岩、平头岭、蕙兰山、大崎山和小崎山、祁祥岭、石人寨、天马山。

还有耐人寻味的仙女岩、鹰嘴岩、乌石岩、观音岩、金狮岩、余童岩、太阳岩、金耳岩等。小山名数不胜数。欲知山寨名称和所处位置，得把书看完。想听完山寨的故事，耳朵要起茧；想游完每个山寨，得花几年的时间。不妨挑选两处，够你玩上十天半月。

罗田是山的王国，石的世界。东北部一道道天然绿色屏障，叠岭层峦、烟雾迷茫。用苏轼的"横看成岭侧成峰，远近高低各不同"来形容罗田的山也不为过。这些山并非杂乱无章，而是天工造就、鬼斧神工、纵横有度。

大别雄风天堂寨地处九资河镇，为千里大别山的主峰。4A级风景区、世界地质公园名不虚传。它是罗田的一张沉甸甸名片。风光秀美、遮日隐天、叠嶂重岩。古有"岩石古寨插云间，吴楚东南第一关"之说，天堂寨景区总面积120平方公里。岩崖陡峭、绝壁千仞、高山深涧，大小瀑布共有108

道，其中落差达50米以上的就有18道。天堂寨海拔1729.13米，早在夏王朝时期，大禹就发现天堂寨是中国南北水系的分水岭。故有南北大别之意，而名大别山。所以在峰顶，北可望中原，南可眺荆楚。盘古至今天堂寨的故事被

【王志高　摄】

流传为：玄黄天地宇宙洪荒之世，天地浑然一体挤压在昏暗的空间。后来一座大山用脊梁把苍天高高地撑起。从此生灵获得了光明，阳光温暖了万物，是这山分开了天和地，是这山分出了黑夜和白天，才使天地有别，取名"大别山"。

天堂寨曾多次易名。旧"因山势崇隆，虽晴日飞空，云亦连属不绝"而名"多云山"。在隋朝以前名曰"衡山"，即《春秋左氏传》载之周灵王二年，楚子重伐吴克鸠兹所至的衡山。晚唐诗人杜牧："东望云山日夕佳"。北宋诗人张耒："朝发云山近歧亭"。至唐朝音转为云山。唐、宋、元、明、清五个朝代，均有文人墨客诗词记载。北宋杰出政治家、思想家、文学家王安石咏天堂寨：

沿崖涉涧三十里，高下荦确无人耕。

扪萝挽茑到山趾，仰见吹泻何峥嵘。

余声投林欲风雨，末势卷土犹溪坑。

飞虫凌兢走兽栗，霜雪夏落雷冬鸣。

野人往往见神物，鳞甲漠漠云随行。

我来久立无所得，空数石上菖蒲生。

中官系龙沉玉册，小吏磔狗浇银觥。

壑沉百丈寒风索，云绕三层冷雾冲。

曲经穿林通密涧，苍松盘顶缚蛟龙。

拨开帘帐询仙帝，许是天宫降九重？

爬上高高的哲人峰骋怀远眺，起伏的山峰千万重。天堑道、一线天令人心惊肉跳。位于灵空谷上游，危岩千丈，两边的垂直崖壁之中的一线山谷，谷底遮天掩日，墨黑阴森。头顶一线天，足下一缕光。令人咋舌的天堑道，一条约200米的山脊，宽处不到3丈，仄处仅只1尺。两边万丈深渊，是那些攀岩爱好者一票难求的训练场。几块巨石傲立于苍穹，看上去是天外飞来之石。探险者登上巨石恍惚已到天庭，手可摘星，人称它"摘星峰"。每逢春夏无数燕子结伴至此，翱翔在崇山峻岭的上空，栖身于那悬崖壁缝。远观一个巨大燕窝倒扣，成群燕子正衔泥落在石壁上搭窝，那就是"石燕峰"。

天堂寨生态旅游区是避暑、度假胜地。在这里能让你尽情领略溪水之风韵。经丘寻壑那神仙谷一块巨石上面，天然生成一平台叫作天台。巨石下有一个洞，洞前一泓溪流，一对鲤鱼常听弥勒佛诵道传经，沾上了佛祖的仙气，于是就有"诵经台"之说。日久天长两鲤鱼羽化成龙，故后人称"双龙潭"。

"海到尽头天是岸，山登绝顶我为峰"。跻峰造极游目骋怀，啸天狮昂首长空，天堂松横生绝壁，天塘泉水碧绿清澈。"天堂三绝"——大别神龟、天堂睡佛、哲人观海，凸显在乳白色的雾海之中。浮动的云烟犹似海上的冰山。身临雾霭溟濛的奇幻

【毛群益　摄】

空中，仿佛进入了梦幻世界，餐霞漱瀣而沉醉其中。那"天堂三绝"是大别山的镇山之魂。春夏晨曦初露站在峰顶，看日出观云海，气象万千云雾霞萌，倏忽置身于九天之中。跌宕起伏的山峰在烟浪之中，像浩瀚大海里的小小帆船，像翱翔起舞的苍龙！随着红日缓缓升起，峰峦慢慢地向上蠕动。桐叶知秋伫立顶峰，天高云淡，望断南飞的大雁。攀爬九曲回肠的山路，欣赏无

【彭铁 摄】

限风光在险峰！寒冬银装素裹的天堂寨，像矜持的"公主"，舞动着白色的罗裙，送来阵阵凛冽的寒风。

天堂寨是上苍绘就的一幅美丽图案！用杜甫"会当凌绝顶，一览众山小"那句诗形容初写黄庭，恰到好处。景区门楼后面的那座高峰穿透云间。前面是天堑道，旁边是一线天。五百米高的弥勒峰（有人称和尚垴），崖顶光秃圆溜不长草木，而且"眼耳口鼻"齐全，酷似弥勒佛。光头大嘴的比丘悠闲打坐，正笑对红尘，神情洒脱。佛祖似乎告诫人们：既然选择登山，就得一鼓作气！他笑容可掬俯视着众山，护佑着游人一路平安！

说起弥勒峰，罗田人说辞如云：话说秦朝时期匈奴时常进犯中原，秦始皇为了抵御匈奴而修筑万里长城。然而万里长城必须建在地势最高处，且北方大部分都是平原。于是始皇奏请玉帝派神仙赶山。可弥勒佛大腹便便岿然不动，还缠"九道箍"。看来这山赶不动了。玉帝只得作罢，留下这大肚佛祖镇守中原。

坐大巴来到终点站，走出车门眼前一幢朱阁青楼，在白云衬托下更显得富丽堂皇。门楼前广场如同宽阔的足球场，偌大场地可容纳上千人车，此

处是千基坪。门楼后面的远山，引人注目的那座光山，貌似慈祥的神仙，项下一圈圈灌木林带盘缠在腰间，人称"九道箍"。千基坪四周溪水萦环，银杏古松万山相拥山花烂漫。旁边巨石是几万年前九道箍崩塌而下的岩石。传说是神仙送至此，供"天完"建宫殿奠基而用。所以，后人称此地为"千基坪"。这样的地理环境与门楼匹配，给天堂寨再添一道景观。

天堂寨是4A级景区，面积45平方公里，千米以上高峰25座。胜景级景点9处，上景级景点39处，总共100多处。景点诸多难于记忆，小编将最优处组成一幅线路图，仔细思量，游览起来省时省力又轻松。

索道直上吴楚桥，南天门外俯视巨蟒出山，哲人观海、佛光岩、群仙相逢。

登寨顶饮瑶池甘泉，听多云樵唱，观天堂云海，望天堂积雪，桃园石壁似屏风。

猴谷乘电梯升腾小华山，栈道眺望哲人、仙女、摘星、碧秀、石燕共五峰。

东瞄西瞅灵空谷，义士躲进将军洞。从容穿越一线天，敢走天堑道者算英雄。

跨进竹林深，云游嫦娥岭，健步攀登小华山，驻足云崖顶。巨蟒望瀑布，弥勒手捏九道箍，天神洞中拜观音。

漫步神仙谷、攀爬诵经台，登上神仙灶、跃过双龙潭、窥视仙人洞。

上主峰啸天狮子昂首望长空、巨蟒出山气如虹。直上天堂飞瀑、瞧双龙出海、石船待起航，溜娃鱼潭、福禄台上饮清风。

悬崖峭壁峡谷游，毛猴坐石船出山，顺瀑布入潭，下海诱双龙。

探秘千年马家屋，九龙潭中大鲵戏水，凝视泼皮神气小猕猴。空谷幽兰杜鹃花香醉仙翁。

上百步梯伴云听涛，望云台飞雪，扶摇直上老君峰。游线顺序任你选，峰回路转，景点依然此道同！

天堂寨、薄刀峰清秀奇丽、风景出彩。两山看不厌，景色各不同。大自然将伟岸和雄奇演绎得完美无瑕。它们相隔不到20里，高低差距325.13米。早年就被评为4A级风景区、国家森林公园、国家地质公园。薄刀峰景区面积30平方公里，森林覆盖率高达98%，一亩森林每天吸收67公斤二氧化碳，制造49公斤氧气，足够65人呼吸用量，是名副其实的天然"氧吧"。

薄刀峰位于天堂寨主峰西侧，人文历史悠久，自然景观奇特。现存魏晋南北朝时期的"爵主庙遗迹"、南宋时期的独尊古寺、元朝时期的"铜锣峭壁"、元末明初的"鹤皋古寨"，还有明朝时期献旗岭、摇旗岗、歇马亭、就义场等因为军事活动形成的地名。

薄刀峰又名鹤皋寨、鹤皋峰。它位于凤凰岭东侧，与"罗汉现肚"遥遥相对，形成一道奇景。传说王母驾鹤云游至此，而名鹤皋寨。鹤皋寨顶卧龙岗，形似蛟龙脊似刀刃。有人形容"大别奇峰卧龙岗，三步一景汗衣裳"，观卧龙岗俨如一条蛟龙。袅袅盘绕的烟云，如一幅轻盈的帷幕，飘悬在半空。突起的山峰像海上的岛屿，屹立于氤氲之中，仿佛人在遨游太空，犹似踏浪沧海，望峰息心！

眼前的卧龙岗中段有一片宛若龙骨的石板，两边悬崖峭壁，在这不毛之地的石缝中一棵古松迎风而立，主干弯弯曲曲，树枝却弧形张开，层层叠叠，针叶葱茏，形似孔雀开屏，故称孔雀松。

鹤皋寨上不少遗址如今用作地名，如鹤皋城门、鹤皋寺。在海拔1300米高处有一牛脊岭，约一里长的削尖崖石，其间有三丈长险石过道，名"险八脚"，令人惊叹。得小

【王志高　摄】

心通过啰！仰望峭壁石峰如薄刀刺天，山民音转鹤皋峰为薄刀峰。

历代兵家依托鹤皋寨天然屏障出奇制胜，有力挫败来犯之敌。1928年的一天，作恶多端的李老木（字振威，排行最后，吴佩孚旗下副师长），在此全军覆没。民间传说，李老木见一位老人在此观察地形，本想借机让老人为他指点迷津。不料老人大笑："鹤皋峰正脊形如薄刀，东南为锯儿齿，木岂能敌锯？"李老木当即挥起大刀，将老人劈死。没过多久李老木的四万大军被冯玉祥在锯儿齿一举歼灭。印证了老人的话：锯刻木，锋弑敌，所以称薄刀峰。这里还曾是刘邓大军作战的栖息地。如今薄刀峰是难得的旅游胜景。

闲庭信步薄刀峰，视野中高低起伏的山峦盘岭脊纵、层林尽染、云蒸霞蔚，夕阳的金辉洒落在叠嶂的群山之中。云烟、飞禽游离在天堂湖上空。仰天长叹薄刀刺天，近观崖缝里长出的孔雀松、卧龙松。跨骏马石跃上凤凰岭，看雄鹰觅食，金蟾戏凤。鹤皋亭中举盏，把酒临风。

鹤皋峰形状是一只美丽的仙鹤，意涵"鹤鸣九皋，声闻于天"，是中原高峰之一，也是少见地质奇葩。这里上景级景点有100多处，以地形地貌命名的有天子弯腰、迎宾石、细腰宫、大腹便便罗汉肚、锯儿齿等。爬上锡锅顶更有极目楚天舒之感！薄刀峰奇松怪石、山脊蜿蜒壁立千仞，古松参天飞瀑潺潺。其实它是地质演化古陆核的残留，同样属TTG岩系，距今已有1亿多年。

【徐仲贵 提供】

鹤皋亭上一览奇峰异岭：起伏的峰峦，萦回连绵的群山，争雄似地一山挨着一山。极目缥缈的云烟若即若离、忽近忽远。孤芳自赏孔雀松，检测穿行细腰宫。山脊上有一天然石缝，宽窄约30厘米，得小心谨慎经过。所以称"细腰宫"。靓妹们想测试窈窕身材，可前去穿行细腰宫。"魔鬼身材行如燕，富态千斤别生念"，让你见证大自然的诡异神工！

　　都说薄刀峰是风景胜地，可还有山峰自不量力，敢与它争雄媲美，那就是南面高959米的"独坐山"。它位于古仁墩河铺牌形地西南、胜利、九资河三镇交界。人称独坐山，是罗北山区中心点。清康熙《罗田县志》有记载"独尊山高峰独尊，众山皆伏，其形如人坐"，故而也称它独尊山。可它却妄自尊大，尽管没有薄刀峰那么高，景致也逊色于人家，但在它眼里的薄刀峰是不值一提的，唯我独尊。不过也难怪它独尊。站在山顶四周山水尽收眼底。用王安石《登飞来峰》中那句："不畏浮云遮望眼，只缘身在最高层"就是最好的写照。春秋佳日，山上看云海日出也久负盛名。

　　昔日有人将它比拟为泰山观日峰。曾选此地建"日观轩"，其后为佛堂，前为帝主殿。山上原有石城环绕，四方均筑城门。明朝嘉靖七年山神显灵，乡人建庙修真武像以镇之。原有大小寺庙四座和大庙（娘娘庙）一座。现四座寺庙均废，遗址仍存。沿途青松伏地、怪石峥嵘。若登其顶端，途中有石条砌弧形顶的小石庙一座，唯上覆盖大铁瓦，瓦上铸有"万历年制"字样，早已被人拆走。庙东西朝向，背后是悬崖万仞的峭壁。

　　从天空俯瞰罗田这片锦绣河山，目不暇接，其中夹杂着八关、十九岩。八关即松子关、青苔关、铜锣关、栗子关、瓮门关（岐岭关）、石门关、平湖关、凤凰关。旧社会封建割据，强人占山为王，被攻破者则为岩，罗田的岩，除篇前已有交代外，在此再啰唆几言。有青石岩、仙人岩、小蒜岩、花蕊岩、黄婆岩、韭菜岩、泄水岩、赤膊岩、王狮岩、撞鼓岩、狮子岩。之所以称岩，是因为它们能"一夫当关，万夫莫开"，而且大部分设在罗田北边界险要处。不妨听听有关狮子岩的趣谈。

　　三里畈镇袁家畈、河铺镇林家嘴、麻城蔡店河三地交界有一座山叫狮子岩。这一带的老少流传一句口头禅："薄金对古羊，锦鸡配凤凰，不是狮子来骚扰，湖北代代出人王。""锦鸡"有人说是錾字石洞里的那只鸡，非也，这鸡是平湖苏家山；"凤凰"指义水河畔的那凤，这当然只是形容奇异的地理环境和地形地貌，毫无科学依据，纯属天方夜谭。要说狮子人们对它既敬畏又憎恨：敬畏的是它威力无比是百兽之王，憎恨的是它有着涂炭生灵的野性，而以它为山命名，则会给当地带来不祥之运……放心！不祥之运不会降临罗田，因为此山分两半：一半归罗田，一半归麻城。罗田有吉祥物（凤凰）照应，世代无厄运。更令人欣慰的是，那麻阳高速从它的身旁经过，损伤了后腿，狮子永远也不会伤人，更不会给人类带来厄运！

明朝蔡店河有位姓田的察院，仕途发达有望成为皇帝的宠臣。崇祯（朱由检，终年34岁，明朝第十六位皇帝，在位十七年）本来就嫉妒文臣："文臣人人可杀"，田察院因而被斩首。田察院出生在蔡店河狮子岩边，安葬在蔡店河新坳，狮子岩山脚下。当地罗、麻两县老少都知道这个田察院的故事。

提到田察院必然想到崇祯皇帝，蔡店河一位长者还道出两则趣闻。崇祯执政时，生活艰难，经常到野外扒红薯，摘桑葚充饥。"芋头"这名词就出自他的口中。因桑葚吃起来味道酸涩，崇祯皇帝便说，要将它开膛破肚，以致现在看到大一点的桑树，几乎都没有一个完整的树干。还有人说崇祯皇帝到山上找吃的，走累了坐在松树篼子上歇息，松油粘了屁股，崇祯皇帝说："你个断子绝生的东西！"经他这么一敕封，所以才有松树不能再生的传说。

崇祯执政时期内忧外患，政权逐渐崩溃，1644年当李自成攻破北京城时，他于煤山自缢身亡。一日崇祯和百姓逃难，田察院在家中迎接圣上，等待皇帝驾到。田察院很有人缘，家中挤满了不少的百姓和宦官，已是人满为患。只听门外有人喊"皇帝来啦！"田察院开门一看，没有皇帝；紧接着又有人喊"皇帝来了！"开门仍然没见到皇帝；又过了一会儿，来了第三拨人，田察院在门缝里探头观望，还是没看到皇帝踪影。其实皇帝就在旁边，就在关门的那一刹那，田察院随口说了一句"就算皇帝老子来，也不开门！”这一说倒不打紧，却招来杀身之祸。恰好被皇帝听见，崇祯皇帝勃然大怒说：“田氏世代不得入朝门！”将其斩首割下头颅。下葬时用过去农家煮饭的铁罐代替头颅，后人说田察院"铁罐头"。自此以后，人们谈起田察院的故事时，都责怪是那头狮子带来的不祥之运。这毫无科学依据，只作茶余饭后之笑谈矣。

世人都敬畏狮子，视它为神灵。逢年过节，将它打扮得五颜六色，活灵活现。之所以称 "狮子岩"，是因为它有狮子的某些特征。这个山除形似狮子之外，周围有一层天然绿色的萤石，与人们装扮狮子的毛和裙带的颜色一样。萤石是一种工业材料，二十世纪六十年代，狮子岩周围群众把它挖出来拿到外地去卖。后来，政府为了保护自然生态，防止水土流失，下令禁止开采，至今或许还能在山周围挖到萤石。

罗田之山垂范千古，启迪万物。它的躯体以岩石为骨，以沃土泥沙为肉，以草木积雪为帽，以溪流为血液。因其涵养水源而孕育溪流，滋生万物而包容生命，所以才显得博大。亦能俯视大地，洞察生灵真谛。它不以时移世易而改节，所以巍峨；不因霜雪侵蚀、雨水冲刷而损其容，所以永恒。

回看山中隆起的岩石，千姿百态繁星点点。像肉墩墩的肥球，像高大的巨人，像可爱的小猫咪。而那"天堂睡佛""哲人观海""桃园石壁""三颗金笋""薄刀刺天""鹤皋石笋"耸立于苍穹云海之中，演绎出大别山永不苍老的情怀！

罗田之山千姿百态别有洞天。一山一画、一峰一姿，一石一态。奇山、奇峰、奇石折射出峰奇壁影绚丽璀璨。罗田的山、石，宛若一幅水墨丹青。这幅画烘托出千里大别山的灵魂，令人痴迷陶醉。游览过后流连忘返，好不惬意！

第三篇　国宝栖息天堂湖
上善若水秀万般

天堂美景甲天下，青山绿水映我家。

家——幸福的港湾，湖光峰影、茂林修竹、花木成荫、百鸟啼鸣。

家——蔚蓝的天空，翱翔的苍鹰，物竞天择、自然和谐、陶情冶性。

【公园景区　提供】

桑梓天堂，秋水共长天一色，百鸟朝凤大观园。南来北往的珍稀候鸟都来这里扎寨安营。天然的山岳水域和重重叠叠的山峰，是大自然赐予的一笔巨大财富，罗田没有辜负这一得天独厚的赏赐，已将它打造成湿地公园，与华东最后一片原始森林和广袤的水域融于一体，形成别具一格的生态公园。

天堂湖国家湿地公园气候温和，雨量充沛，总面积1114.97公顷，蓄水量1.63亿立方米。它襟江带湖，群禽戏海，独领风骚，引人入胜。世界上能出其右者，寥若晨星。娇羞美丽的鸟儿们在蓝天碧水之间自由飞翔，结束了北移南迁这段艰辛而又悲壮的旅程！公园有现存的鸟类活化石，鸟中的大熊猫，第三纪冰川期后残存的物种，罕见的国宝——中华秋沙鸭，与大熊猫齐名。它在地球上已生存一千多万年。这些国宝已成为湿地公园的永久"居民"。

【公园景区　提供】

中华秋沙鸭是我国的特有物种。它的嘴形侧扁，前端尖出，喙并非平扁；嘴脚鲜红，雄鸭头部和上背黑色，下腹、腰部和尾上覆羽白色。这宝贝的翅上有白色翼镜，它的长羽伸开成双冠状，胁羽上有黑色鱼鳞状斑纹。主要栖息于阔叶林或针阔混交林的溪流、河谷、草甸、水塘以及草地。目前全球仅有1000只，而湿地公园内已发现11只。那些摄影家们偶尔也能捕捉到它们美丽的身影。

神奇的湿地公园，像一部百科全书。凫趋雀跃冰白湖光。鸟兽率舞像一部美撼凡尘的动画片，一幕幕精彩画面扣人心弦：鸳鸯迎曙光戏水，孤鹜伴落霞齐飞。鱼虾群戏鸟集鳞萃，天造地设秀色可餐，公园风景实至名归。

罗田五大水系同入巴河。东南有白莲河、义水河流域；西北有胜利河、泗泊河；中间是天堂河，天堂河源自于天堂湖。就因为有左右河流护卫，人们才把它称为龙。它流经一乡三镇，全长60.6千米，是一幅天成美景。这龙给罗田造就了一个湿地公园，带来一面湖；赐给罗田的光明，激发了罗田人战胜大自然的精神。它由九条似"毛细血管"般的流域组成：僧塔寺河、龙井河、花油畈河、叶家塆河、降风殿河、周家河、黄石河、天堂河、徐家河。九股清泉似九根琴弦，释放出舒缓的和声。支流弯弯曲曲汇入天堂湖，再进入河铺地段的新昌河。从新昌河出林家嘴与胜利河（麻城木

【毛东风　摄】

榉河）、柳林河汇合而出平湖，最后像一条巨"龙"直入巴河。这条"龙"浇灌着沿河两岸肥沃的良田，滋润着大别山的生灵，养育了一代又一代的大别山人！

天堂河是取之不尽的粮仓，用之不竭的银行。新昌河的河沙等同于黄金，洁净无泥颗粒均匀，曾一度销往全国各地甚至国外。更值得自豪的是，天堂河流域造就了全国小水电百强。罗田水资源丰富，水带动了经济发展，水是脱贫致富的源泉，同时也促进了旅游产业的发展。罗田每年降雨量1400毫米左右，年平均径流来水量达13亿立方米，仅天堂河来水量就达1.4亿立方米。

水是生命之源。"水善利万物而不争，处众人之所恶，故几于道。"老子《道德经》中"上善若水"用水来衡量人的品行。古人将水与善、水与做人相提并论。水代表生命的源泉，善则是善良的本性。做人要像水一样，润泽万物而不争名利。水能载舟又能覆舟，违背自然规律人类将受到惩罚，善良之水照样会给大自然带来灾难！

【公园景区 提供】

罗田虽不缺水，但水对罗田同样宝贵。水在罗田版图上仅仅只占十分之一。过去人们忽视自然生态，过度砍伐森林，造成水土流失。善良之水祸害于人，每到洪水季节山洪暴发，泥沙堵塞，冲毁了良田，卷走了村庄。过去的天堂河是"山洪暴发水横流，天旱用水贵如油"。

而今，从湿地公园始流而下的天堂河，沿途建起了五座水力发电站，既遏止了洪涝，又便于灌溉。天堂抽水蓄能电站开创了湖北水力发电史上的先河，装设两台35兆瓦的混流可逆式水泵水轮电动机组，年发电量1.25亿千瓦时。它们既节约了水源，又净化了罗田的环境，还是举世瞩目的旅游景点。

罗田的水源自岩层，水质纯清透明。政府合理利用资源，计划将天堂湖水调入义水河，形成管网水系后凤城既可饮用凤凰关水，又能喝到天堂湖的甘霖。

让我们去寻觅天堂河两岸的那些不为人知的故事吧。将时间倒转到1964年初中那个暑假。叔叔带我去九资河罗家畈，到三省垴搞点山货以解决学费，顺便看望姑父母。沿着天堂河边慢行，老人是个故事王，四大名著不翻书能说出章节。也难怪啊，中华人民共和国成立之初他在河铺乡公所干了五年秘书。清晨从家里出发，由于我年龄小，兼路途遥远，叔叔为了给我解乏，一路上专门讲动听的故事和当地的民间趣谈。到槐树店他说："唐家山的发粑，槐树店的面"，笑得人弯腰捧腹。过去形容唐家山发粑结实，槐树店的挂面粗大，还有个故事：有一天发粑滚下山，槐树店人为避免灾难来袭，捡起一根挂面把发粑撑住了。除此之外还讲到大雾山有燕儿笼和"龙挂幡"。

大雾山海拔944.2米，位于河铺、平湖、北丰交界处。"龙挂幡"离山顶不远。这"龙挂幡"嘛，倒还真是个稀奇事咧！大雾山脚下是平湖上冲村。距山顶约100米石崖上有一道横向崖隙，崖隙下是百丈悬崖，几乎是垂直插到山脚。崖隙地表有一口浅井，每当夏季阵雨来临之前，烈日当空突起飞泉，崖隙处涌出泉水来。那泉从百丈悬崖上呈银白色水泡状流下，直落崖底的河流中。在阳光的照射下，泡沫状水流经日光照映呈紫索状，往下逐渐成银白色，形成一道数十丈宽，几百米高的大瀑布，蔚为大观！当地人将此景称为"龙挂幡"。更神奇的是约莫半小时后，整个山顶被大雾笼罩（所以叫大雾山），雾罩慢慢往下扩张，像是人戴了一顶巨大的帽子一样，过不了多久，天下大雨。每到夏季如果出现"龙挂幡"，必然会大雨倾盆，堪称大雾山一绝。此景观令人触景生情！一位清代贡生唐饶岑即兴赋诗写道：

兹山奇绝耸云根，大雾弥漫暮色昏。

娇首雄狮疑护虎，悬岩飞瀑若翻盆。

东吐商固群峰小，西瞰蕲黄运岫尊。

闻道雷公常扫电，灵光遗迹至今存。

到马槽时老人打开了话匣子：从前有位马神仙想治好天堂河流域。想在天堂寨顶建金銮殿，将鸠兹国建成真正的天堂。他从长江巫山拉彩石奠基，还带着一块吊簰神器和一头猪（八迪河中的猪婆石）。顺巴河逆水而上，因受到三道铁门坎的阻挡，神猪花了很大力气才拱开第一道门坎。毕竟河道窄水流量小，吊牌沉重，马神仙步履维艰。马神仙为了不泄露天机想连夜到达，到马槽时已到五更时分，忽闻狗叫鸡鸣：右前方传来鸡叫声；正右方传来狗吠声；还有龙王殿的和尚撞钟声。马神仙顿时手足无措，又恐天兵天将杀来，只得仓皇离去，丢下彩石和神器，挣扎地将神牌向上又拉了十里。累了便搭起锅灶烧水做饭（石锅石灶），牌形地由此而得名。宫殿没有建成，后人不得不自我解嘲，说那是因为天堂寨地脉太轻，上苍不能应允。而那些彩石经过千万年风雨侵蚀，至今堆砌在八迪河叠石潭。这故事表达了人们对幸福生活的期许，以及寄希望于天堂河为人类造福的憧憬。

到金盆地故事可多着啰，至今记忆犹新的有燕子步梁、白露湖、打网河、芭茅潭。"芭茅潭"早在罗田立县之前就是巴蛮人居住的地方，本来就叫"巴蛮潭"。赶走巴蛮人之后，因那里芭茅甚多，久而久之"巴蛮"念成"芭茅"。而百丈崖下峡谷中的圆形水凼，那就是"跳鱼潭"。从跳鱼潭往上走约五百米（大地坳地段），还有个"莲花潭"深不见底。当地人说莲花潭内的石壁旁边还有一个大洞，在水底下几十米深。曾经有位水性好的高人，潜入水中钻进洞内，发现里面竟别有洞天，美妙奇幻。事后再也没有人敢下去探究，洞也被蓄水池淹没。这或许是谣传吧。跳鱼潭和莲花潭以及那些圆形水凼，被称为"冰臼群"。不过在学术界尚有争论，有人认为是水流侵蚀而形成的"壶穴"。

顺着水边往上走到百丈崖，地势更加险峻，悬崖峭壁旁边是一条近百米深的壕沟，在这壕沟边行走提心吊胆，人们称它"十八拐"。从下往上看，上一个弯道似乎就在头顶，扯着藤条向上攀爬，羊肠小道人迹罕至。我大汗淋漓，走路身不由己一瘸一拐，不管三七二十一，一屁股坐在地上。"累死我了，歇会儿吧！"看看两只脚底，已经是血肉模糊，磨出了好几个血泡。此时太阳快要偏西，又饿又渴。叔叔担心怕天黑到不了，于是改变语气说："走吧！爬过这十八拐，前面还有一个更神的地方嘞！"说话间一条"铁线虫"溜出来，我顾不了伤痛撒腿就跑。跑了一段路叔叔的故事又来了：传说当年铁拐李到天堂寨仙游而到处转悠，见凶猛的河水横冲直撞泛滥成灾，弄得两岸道路崎岖，挂着拐杖只得在这里歇息，打个盹。我不禁脱口而出："诶！神仙也觉得累啊！难怪我动弹不得……"当铁拐李睡得正酣时，被一农夫砍柴声惊醒。都说仙人不能接近凡人，于是铁拐李慌不择路丢下了葫芦，把他的宝贝丢在这里了。这就是金线吊葫芦的来由。

听完故事顿觉来了精神，我爬到山上面往下一望，哇！一个阿拉伯数字"8"呈现在眼前，上面小下面大，恰似一个葫芦系在一根绳子上。我惊叹，难道真的是铁拐李丢下的葫芦？上苍竟将大地雕刻得如此出神入化？如今这十八拐、金线吊葫芦已被两级电站的蓄水池淹没。鄙人在一次闲聊谈到这些传说时，一位女老师说："你说的冇错，就在我家旁边。"

不知不觉走过大地坳。面前有两座酷似骆驼峰的小山，旁边还有很多很多不规则的黑色石头，距大坝约五百米远。老人说这石头是骆驼屙的屎，这地方叫"骆驼卸宝"，是黄冈林氏的祖坟。当地人告诉我们说，这坟原本是一个山洞。相传这林氏家有一个货郎，他从一位高明的地仙那里得知，大别山南有棺"大地"，所以叫大地坳。于是他挑着货郎担在英山、罗田一带转悠了三年，结果死在"骆驼卸宝"。周边的好心人见无人收尸，便将尸体放进洞里掩埋，这洞其实就是骆驼的屁眼。哪知歪打正着恰恰把货郎葬在骆驼的肚子里。原来这是块宝地呀！

来到罗家畈太阳快要坠下地平线。余晖反照，此时朝天堂寨望去，云烟缥缈山蛮叠嶂，令人望而生畏。这时我才知道这百里长河的发源地是多云山。是啊！天堂河神秘莫测，其实源头就在这里。

从1965年8月起，人们历时两年完成了伟大的壮举，建成天堂水库，继而还修建一至五级水利发电站。罗田终于告别了水患！别过了金线吊葫芦！别过了骆驼卸宝！

傍晚站在库畔，落日的斜阳映入眼帘，赤霞染红了蓝天，整个天堂湖红彤彤的一片。游荡的云朵像害羞的姑娘似的躲进了地平线。微风泛起浪花，掀起彼伏波澜。发出有节奏的"哗哗"声，这声音像一首动听的乐曲，这乐曲唤起人们追忆它由河改水库，水库改湖，湖改湿地公园的故事。天堂湖是罗田一块金字招牌。经过科学论证符合湿地公园标准，并经国家验收合格。

湿地公园资源极其丰富，漫山遍野的青松、灌木，像绿色的海洋。一株株大树碧绿滴翠，一丛丛灌木亭亭向上。山中有难得一见的灵芝、七叶一枝花和九死还魂草。还有罕见的国家一级保护植物、距今千万年的金钱柳和香果树以及无数种珍稀植物和板栗、茯苓、天麻等珍贵的药材。湖水弥漫出清爽湿润的空气，滋润着深山里万物生长。走进这天然清肺洗浴场，树木青草山花散发出诱人的清香。绿色象征着生命，象征着希望。人类离不开绿色，生态环境破坏威胁人们的健康！

【公园景区　提供】

天堂湖是天然氧吧、负氧离子润泽着山里各种生灵。它是植物的王国、动物的乐园，是候鸟的世界、云雾的海洋、杜鹃花的领地、娃娃鱼的故乡。它的独特之处在于不仅有珍稀鸟类，而且还有濒临灭绝的野生动物，如穿山甲、金钱豹、不衰猫、原麝、娃娃鱼、豺狼、水獭、小麂、岩蟒等。湿地公园是候鸟的乐园，鸢飞鱼跃人间天堂。这里栖息着候鸟游禽，上千种鸟类，长尾雉、鸢、白额雁、黑鸢、苍鹰、鸳鸯和红隼……还有前述难得一见的中华秋沙鸭。公园建有候鸟保育区和12平方米的观鸟亭，供游人观赏。

信步登上观鸟亭抬头观望，顷刻间突然飞过一只红胸啄木鸟，落在亭外不远的树杆上，正全神贯注地为大树寻找病源，"嘟！嘟！嘟！"那声音沉闷而铿锵。仰望天空，时不时有白鹭和苍鹰，它们时而在水面上俯冲，时而钻进云层。湖上空的雄鹰随着气流，煽动着翅膀自由自在地飞行。在观鸟台上的望远镜里，看对面茂密森林中的鸟儿，呼朋引伴结队成群，似乎在举行歌咏比赛，又像是情人舞会。那里是鸟儿的情场，音乐的殿堂。融入这壮丽的场景，爱鸟之心油然而生。大自然的种群，人类的朋友，爱护鸟类是人类的一份责任。

美景引得游人醉，西湖哪有天堂妍！天堂湖水深碧

【公园景区　提供】

一色、清明如玉。坐游船来到湖心，望见东北面现一奇观，酷似浩瀚长空里的婵娟，人称"月亮岛"。几十颗垂柳傲立在那间小屋的周边。站在岛上放眼，"鹰击长空，鱼翔浅底，万类霜天竞自由"，不禁令人浮想联翩。水面浮现笔架山峰的倒影。仰望天空云舒云卷，足下清凌碧水泛波澜。视野中的快艇浪遏飞舟，乘客笑声一片。

傍晚的斜阳如硕大红球依傍湖水半遮面，归巢的鸟儿追随渡船，披着晚霞带走依依惜别的眷恋。不知是哪位画家，不小心碰泼了油彩，阴错阳差绘出这月亮岛的美景，妙至毫巅，赛过梵·高的油画。啊！公园湖竟是如此情韵悠扬，灵秀而妙曼。胜过海市蜃楼，可谓雄旷而极观也！

人们喜欢去马尔代夫海边看潮起潮落、海鸟和沙滩。然而站在天堂湖畔，同样能看到候鸟和渔船，还有墨绿色的青山。一条长长的水位变幅消涨带，像是给群山系上了一条铂金项链，把青山和绿水分隔成两半。每逢洪水季

节，惊涛骇浪巨蟒般的湖水，从20多米高的泄洪道翻腾倾泻，像一匹白色水帘，在空中形成薄雾轻烟。那气势恢弘的湖口瀑布，猎奇历险的游人站在水帘下面的田埂上，体验银河似的洪流倒泻、越过头顶时那种视觉盛宴！

每当春潮涌动或夏雨滂沱，湖的东南部形同一匹绸缎在水面上有节奏地飘拂。它像嫦娥的飘带，因而名嫦娥峡。峡谷两岸山峰矗立陡峭，河道狭窄水势回环。上游的洪水铺天盖地而来，在这三纠十八拐的夹缝中左冲右撞、飙发电举，势如金蛇狂舞，声如响雷咆哮。唯泉水淙淙，跌宕起伏，余味隽永。这场景形同月宫中嫦娥抚琴击筑。

湖外的蓄能电站既是水利设施，又是水电科考点，更是一座游览观景台。天堂湖秀丽璀璨而波澜不惊，天水浩荡、水映斜阳、碧镜旷远，站在台上聆听渔舟唱晚。微风轻掠湖面，画舫徐行、碧水漪涟。船在景中走，景随船游动。

天堂湖水情悠悠，汽艇好似离弦箭。好一幅巴水明珠、大别明镜，动静融于一体，周围还有令人陶醉的群山。景色天造地设，胜过蒙娜丽莎的容颜！凌空观看天堂湖如一面长方形宝镜，镶嵌在薄刀峰、笔架山、天堂寨等诸山之间。弯弯曲曲的港湾，好似银白色的纱巾盘缠山岚，俨然一幅山水掩映、村舍错落、云雾缭绕、高峡出平湖的画卷。船工悠然自得荡漾其间，欣赏湖边山峰拔地而起，嵯峨黛绿。那薄刀奇峰、三省垴流云飞渡；鸡鸣尖、狗耳尖沉碧涟天；青苔关、瓮门关东西相连。仙人垴、美女峰、嫦娥峡、狮子岩的神奇典故，让人浮想联翩！湖边植被绿茵如毯，依山傍水的农家小院升起缕缕炊烟。湛蓝的天空朵朵白云闪现，清澈湖水纳云烟。红霞照映着群山，景色美轮美奂，使人仿佛游历在山水、田园、诗情、画意的童话世界之间。湖边还有许许多多说不清道不明又离奇的传说与趣谈，你只得去亲身体验。

【公园景区　提供】

湿地公园还有很多保存完好的明清建筑和名胜古迹。景色绝顶中原，古寨神韵、多云樵唱、青苔隘关、鸠鹬古邑，还有漂亮的农家小院。薄刀奇峰极目楚天，笔架晓岚更是绝难一见。四周群山环绕，绵延不断的山丘倒映其间。湖面泛舟渔歌唱晚，再看那狗耳、鸡鸣两尖和青苔、翁门两关，山水相依动静结合，配以蓝天映衬更显宁静安然。湿地公园无与伦比的风光，秋水望穿！配上一幕幕野生动物的情态，一幅幅人与自然和谐画面，一件件栩栩如生的动植物标本，还有清波碧水白云蓝天。湿地公园是梦寐以求的人间乐园！

空中鸟瞰天堂湖，它像一条玉带飘落在山间。传说天上有个仙女痴迷人间，私自下凡欣赏多云山，不料被好色的猪八戒看见。那八戒垂涎三尺，便上前与之搭讪。仙女见到八戒吓得慌不择路，八戒绕着山川奋力追赶，累得气喘吁吁，情急之下甩出手中的九齿钉耙，本想拉住仙女的罗裙，却拉下了脖子上的白纱绫，散落在凡间。女子飘然上天，留下银色玉带似的河流。

湿地公园的青潭寺、火官庙是鼎鼎有名的佛教之地。寺庙的神灵护佑着客人平安游园。公园次入口西侧的火官庙，常年总有许多远道而来的香客。慕名而来的善男信女，在这里顶礼膜拜叩首许愿。那袅袅的青烟，散不尽也吹不断，缭绕神龛。

追溯湿地公园的历史渊源。史书记载，大禹曾经来到多云山，就因为大别山是南北水系的分界线，治水必须索源。黄淮水系源自于大别山北面；江淮水系源自大别山南面。相传这位治水的仙人，率治水队伍两次来罗田。九资河就有禹庐坳、禹庐河。正因为大禹来过此地，所以才有"禹"字出现。仙人登上大别山主峰，回望西北，远眺东南，心旷神怡。大禹在天堂寨观景时，竟然发现南北迥异，风物长宜。南面千湖竞秀，绚丽多彩；北面平地千里，却色彩单一，令其兴叹："一山千里兮，横贯东西。横贯东西兮，阴阳两仪。阴阳两仪兮，南北大别。南北大别兮，造化之奇。"故大别山是大禹命名的。罗田上善若水得益于这位治水的祖先，是仙人把这里治理成天水一色。罗田人也有股大禹精神，天堂河水经过多次治理，最终不仅造福于罗田人民，而且还招来了世界各地的客人游览！

在湿地公园野游亲身体验大自然：傍晚的夕阳落下地平线，红霞漫天。随着天空渐渐昏暗，万籁俱寂，抬头看天上星星眨巴着眼，草丛中蟋蟀和蝈蝈儿"唧唧唧"悠长的低聆声接连不断；寂静的夜空闪烁着荧火；"哇！哇！哇！"青蛙的叫声此起彼伏。夜里不知是猫头鹰还是夜莺时而传来奇怪叫声，令人毛骨悚然，不时还会有黄羊"光顾"远方而来的客人。不得不提醒游客夜晚可不能单独出行，深山中恐有豺狼、金钱豹、毒蛇出没，独行的客人随时都有生命危险！清晨的朝霞映红了天堂寨顶，阳光透过晨雾又现蓝天白云。这一宿你真正感觉到回归自然，返璞归真。感受了大自然的野性，舒缓了工作中的困惑心情！

【公园景区　提供】

天堂湖"水光潋滟晴方好，山色空蒙雨亦奇"。饱赏了山乡水韵，踏上返途的征程。伫立在秀逸林泉、烟波浩渺的湖边。恋恋不舍地再看一眼座座青山。站在大坝寓目琉璃千顷的湖面，它像一面无瑕的瑾玉。清爽的水汽，习习的凉风轻抚着你的脸。湖边蓝绿色翠鸟偶尔钻进水里把鱼衔，野鸭扑腾翅膀追逐嬉戏，港湾里鸳鸯形影不离情意缠绵。船工摇曳小船随流云而去，山峰倒映湖面。舟随峰影走，人坐画中游。古人云："分明看见青山顶，船在青山顶上行。"船翁哼着动听的天籁之音，渔歌互答此乐何极！这碧水青山、鸟儿渔船，景色沉鱼落雁。就连仙人也为之赞叹！欣喜铁拐李不辞辛劳来到大别山，神游湿地公园，饱览河流山川。

虽说这里没有亭台楼阁、廊榭桥汀，但它聚水利设施、自然生态于一体，成为壮丽景观。这就是湿地公园的魅力所在，神仙、凡人之爱恋的地方。游过的客人异口同声称赞：不看杭州西湖，就看罗田湿地公园！

湿地公园游览线路：

1. 观光游入口—烟波楼—码头—骆驼卸宝—天堂夕照—一线涧—涵碧潭—月亮岛—嫦娥峡—狮子岩—玉兔盘窝—南入口。

2. 体验游入口—湖口瀑布—烟波楼—码头—天堂夕照—狮子岩—嫦娥峡—玉兔盘窝—码头—天堂渔村—滨水娱乐中心—索桥—美鱼矶—攀岩—野外宿营地—桑博园—生态采摘园—湿地漫步长廊—次入口。

3. 科普游入口—主坝—码头—湖区消涨带—嫦娥峡—码头—观鸟亭—桑博园—生态采摘园—湿地植物展示园—湿地长廊—多功能展厅—文化广场—次入口。

第四篇　彩头无伦油掺水
冰臼明珠隐桃源

　　大别山南麓的新昌河畔，是福泽之地、膏腴之乡，如梦如幻。此地交通便利、道路阡陌，地处麻阳高速东段，东连金寨，西通武汉。一条罗田至胜利的邮路，从镇中穿过，一走就是几百年，这就是河铺镇。概括河铺镇地域文化，人文景观：

　　乌云寨掩皇帝陵，仙女岩藏八路军。

　　骑龙寺映八里畈，孝子长眠古仁墩。

　　鸡鸣狗耳挂弓寨，新昌河岸飘紫云。

　　冰臼洞潭龙戏水，独尊山下不夜城。

　　从麻阳高速河铺出口下，或走宜新公路过石狮坳。昔日石狮坳东西两边是高山，南北有一条狭窄的小路，比现在要高好几十米。从七里冲上坳要爬七十度的陡坡，有一夫当关之势，所以才称为"坳"。

　　古时正坳东面，一尊天然巨石跟狮子一模一样。后因遭雷击而成一堆乱石，所以，自古至今才有"石狮坳"之说。在坳的南边靠东，细竹林里有一个石洞，叫"金银洞"，也叫"金谷仓"。传说有一次金银洞里漫出稻谷，被一路人发现，于是，这人起了贪心，他怕别人看见，顺便搬起一块大石头将洞口堵住。赶忙将稻谷送回家，准备继续去挑时，回头发现谷中还有张纸条"休仓八斗"，再跑去看那石洞，已是一面大石板。

　　石狮坳本来地势很高，"石狮"看护家园，有镇守地脉之意。过去正坳上还有座凉亭，凉亭的墙壁上刻有岳飞抗金的碑文。因修路降坡凉亭被毁，石碑早已丢弃。凉亭外无路通行，南来北往的行人只能从凉亭

中穿过。凉亭是专门为路人提供歇息、乘凉的场所。过往行人和当地农民经常在凉亭中歇息、喝施茶。

听了故事喝了施茶，启程一览八里畈板栗园。来到柳林河畔，从前柳林河两岸密集的杨柳遮天，所以才称柳林河。柳林河说深也不深，说浅也不浅。河水清澈碧波流连，几尾鱼虾时而钻进草丛，时而躲在鹅卵石旁边。枝头的翠鸟正目不转睛地注视着河中小鱼掀起的微澜。

这河滥觞挂弓寨的山泉，由白鹤塆流经槐树店至姚家铺西折直下，拐一个大弯。风水先生称这弯为"金涧灌银漕"。过去河水流经河铺街，往西从粉铺拐弯，直出林家咀至袁家畈村前，即柳林河口、胜利河（也叫木榷河）、新昌河三河归一汇

【毛东风　摄】

集点，两山加一岩。河右为麻阳高速，左邻石河塆、平湖、八里畈。

今天柳林河边八米宽水泥路树荫蔽日，恰似一幅山水图案。就因为有得天独厚的地理环境，所以这里成了萝卜的家园。

萝卜的家园地处柳林河边，柳林河距离鹰窠垱约五里地。乾隆三十二年（1767年），朝廷拨两配马，解决罗田、胜利邮线。邮差经常在新昌河边歇脚，故才有"马驿坳"。清光绪年前，柳林河上游不叫河铺，而称胡田河

（《光绪县志》称壶天河）。当年设旅馆五家，其中还有铺兵（现在叫邮政）。光绪年后叫粉铺（河铺）。二十世纪五十年代以前比较繁华，而且是罗、胜必经之路。逢年过节人山人海，玩龙灯的、耍马戏的、唱大戏的总要闹腾十天半月。赶集的人络绎不绝，搞得那些店老板忙得不亦乐乎。集上郭氏药铺和曹氏染铺远近闻名。店铺云集，均分设在河的西边（合面街），河道弯弯曲曲从街旁流过，因这地方既有河，又有店铺。清朝才子周锡恩曾称家乡为"二里柳林河"。经他一点化，人们干脆将粉铺改名为"河铺"，河铺这个名字也就广而告知了，河铺之名取代粉铺。至今一部分老年人还仍然把河铺说成粉铺，也就不足为奇了。

谈起河铺，堪舆先生称赞：鹰橐垱至柳林河是地灵人杰。柳林河水由东向西流，环绕古羊寨一百八十度。传说远古时期，柳林河水倒流，就因为河边有"美女献羞"，河水流到这里变红了，人称此现象属"天癸潮"。而美女献羞的对面叫"童子岩"，背后是飘罗带，也叫罗带垮。当然这童子不是董永，美女也不是七仙女。就因为槐荫树（槐树店）没有开口，童子、美女难成姻缘。一日鲁班路过河边在河里洗手，发现"天癸潮"。于是他便用"午尺"在水中打了一下，从此河水调了头。而且有人头天在此砌房第二天便倒，自此再也没人敢在这地方建房了。在二十世纪八十年代以前，对面垮中间仍留有一隙空地。就因为建房便倒才不敢建，垮中间有的门楼也是断壁残垣。说来也怪，垮门口的水塘与300米外的水塘相比，唯独垮前的塘里不长鱼，而是一塘河蚌和莲花，而另外塘里全都是乌鱼（也叫黑鱼、财鱼）。

顺河至高速桥下200米远，河东一个弓形山丘形似犁田牛用的轭头。站在山丘再朝东望，有一个长方形大土丘，中间粗，旁边四个小土埂分设在两边，如同牛的四条腿。大土丘后面一条细长埂就像牛的尾巴。轭头内还有两个大石头分立两边跟牛头一模一样，仿佛一头活灵活现的牛在慢悠悠地朝前走，人称"犟牛不出栏"。再仔细看，神嘞！这牛尾竟摔出了一个"小坪"，即八里畈村的一个小组。又因这坪遍地生长既美味又可药用的野小蒜，便称它"小蒜坪"。小蒜药名薤白，人们常常用小蒜炒鸡蛋配点小酒，吃到嘴里香脆可口回味无穷，而且最容易下饭。

小蒜坪背靠平湖古羊山村，有近千亩板栗园和茂密的松枫林。两株千岁古枫形似两柄巨伞。春夏郁郁葱葱百鸟争鸣，秋冬片片红叶飘飘悠悠，可与天堂红叶比秀。站在坪上举目：古羊寨、薄金寨、狮子岩三山交相辉映。在坪上低头看新昌河、胜利河、柳林河似三条巨龙奔腾，在地坪岗前，三位一体"相爱相依"。从狮子岩旁经过，直插薄金、古羊两寨之间，悄无声息不见踪迹。

阳光明媚的早晨或夏天阵雨过后，站在坪上举目，远眺麻城龟峰山，凸显乌龟头傲立苍穹首西尾东。仙女岩上薄暮冥冥，山峦起伏，奇峰罗列与龟峰山下的烟云交融。群山之间烟波浩渺、像仙山琼阁映入眼中。小蒜坪

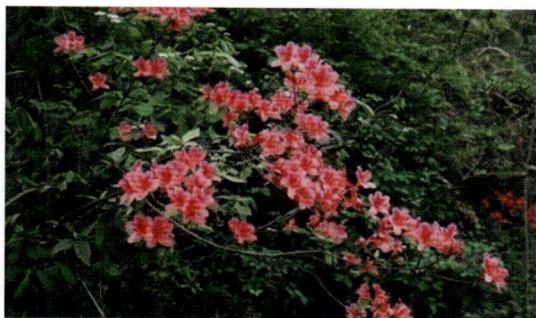

【毛群益　摄】

西南的奇石怪洞还有狼蛇出没，蛙（青蚌石）、蛇对峙，早年还出现老虎踪迹。小蒜坪离古羊山仅一步之遥，不足十分钟路程。上古羊寨走北门不到三里路，从小蒜坪登古羊寨顶峰，不但可以欣赏沿途映山红美景，而且是最近路程。小蒜坪可谓是难得的生态旅游胜景啊！

俗话说一方水土养育一方人。如果给水定义可谓"成也萧何，败也萧何"。水亦可为祸水，鄙人的老家就在林家咀，光绪二十二年爷爷被洪水淹得无家可归，不得不搬至小蒜坪。然而水是生命之源，人离不开水，它造福人类滋润万物。柳林河水养育了沿河两岸人民，林家咀地坪岗人民又是最大的受益者。三河交汇之处就在林家咀地坪岗，所以地坪岗的萝卜有名，远销百里开外。

由于古羊寨、薄金寨两山之间恰似瓶颈，河道狭窄，水流受阻，每年洪

水季节河水倒灌。退潮之后潮泥细腻，能保持足够的水分不会流失。潮泥中含有大量的有机肥料。农民利用这天赐的资源优势，在潮泥地里播下萝卜种籽直到收获。不浇水不施肥，不锄草不打药，长出的萝卜个大，而且肉质细滑，水分多味道甜美，是天然的绿色食品。

河铺奇闻怪事甚多，物产品质与其他地方迥然不同。这不，萝卜四海皆有，屡见不鲜。唯独林家咀的萝卜与众不同，算得上一种家珍。世人喜好绿色食品，爱山肴野蔌。林家咀的萝卜同样属后厨中的瑰宝奇葩、甘之如饴、清脆咸甜，不亚于凤髓龙肝。这不是"王婆夸糖"，而是林家咀的萝卜就是甜！萝卜在家家后厨里占有一席之地，是秋冬季节餐桌上一道极其普通的菜肴。它还有一美妙的称呼——"菜头"，谐音"彩头"，逢年过节家家必不可少。何谓"彩头"？譬如春节，每家每户都想有一个祥瑞之兆，祈福来年平安幸福、财源茂盛、五谷丰登。所以就把"菜头"称为"彩头"，有着吉祥之意。

林家咀的萝卜经柳林河水浇灌，细皮嫩肉大小均匀，冇得"小儿麻痹症"因为没有施肥，没有接触农药，吃起来口感好。通常用萝卜炖肉，吃起来不油腻。剥皮生吃胜过雪梨，味道甜脆还有微辣感。解渴、解酒，开胃润喉，耐人寻味。将叶子晾干可治口干舌渴、小便不畅和解酒毒。据调查，地坪岗人患病率就比其他村少五到十个百分点。现在林家咀已将萝卜开发出系列产品，为它树碑（萝卜坯碑）立传。每逢萝卜收获季节，地坪岗的萝卜就成了菜市场上的抢手货，还举办萝卜博览会。不少人开车前来排队等候，空手而归者大有人在。

林家咀种萝卜的历史悠久。天堂河未治理以前，农民种植水稻、农作物，十年有九年颗粒无收。每到洪水季节农民只能望天长叹！等待洪水退去之后只能靠种植萝卜来维持生计。二十世纪七十年代以前提到林家咀有句民谣："有女莫嫁林家咀，过门提篮去讨米。稻草当柴烧，粥喝尖了嘴。"自从天堂河修建水库以后，情况发生了急剧变化。尤其是改革开放以来，林家咀得益于萝卜富了民壮了村。"如今的林家咀，小伙飙宝马，靓妹开奥迪。燃气户户通，用膳海鲜和土鸡"。楼房别墅亭台花木，公园式垸落遍及全村。

从前人常说"蚕吐丝，蜂酿蜜，树结油"，树结油指桐子树和丁星树结出的果实可以榨油。丁星原名"油柿"，俗称猪奶（头）柿，即野柿子、火柿，属柿类。罗田柿类有大柿、甜柿和丁星。只有甜柿过了白露可以食用，丁星个儿最小。以前在河铺、八迪河、平湖一带农庄田边、山间、地头乔木上结出的果实就是油柿。它的外表像青葡萄，并排而生，每枝上结有十至二十颗，立秋之后适逢采摘季节，农民将半熟的果子采下来卖给油坊榨油。油匠们把油柿连枝带果捣碎，压榨出油汁放在专用油池里储沤几周，油柿渣丢弃任其腐烂后，是极好的有机肥料。油匠们将成品油装进专用油篓。油篓是用篾片编制的，约一米高，篓的内外糊上皮纸再涂上柿油，密封性胜过现在的塑料桶。柿油被销往江浙一带浆渔网用（过去渔网不含纤维），用柿油浆过的渔网不吸水、不易烂，而且容易撒开，打过鱼以后可以不晾不晒，第二次继续使用。

柿油是一种天然油漆原料，不含化学元素，无污染、黏合力强。主要用于糊斗笠、纸扇、浆渔网。在自然界中，水与任何油都不能融合。食用油掺水会变质，汽油掺水机车启不动，油漆掺水报废。令人难以置信的是，柿油掺水油质却不变，听起来好像忽悠人，但的确这一"掺"，不仅油质不变，而且品质还更好。不过不是所有的水都能掺，只有柳林河水才行。出了平湖就大不一样啰，哪怕是加一勺水，柿油报废全部变成白水。

"蒸沙成饭油掺水"这从逻辑上讲，是不可能的。可柳林河水掺柿油是现实。它为何那么神奇？其实与河边的美女有直接关系，可能得益于"天癸潮"。曾经有人说过，那美女不是七仙女，童子不是董永，就因槐荫树没有开口才没配成姻缘。这槐荫树就是指槐树店，于是美女只得在此休养生息。日久天长给河铺人带来了福利。若是槐荫树开了口，童子美女成婚就远走高飞，也不会有"天癸潮"，更没有后来槐树店的小手工业。"人不为己，天诛地灭"啊！这恐怕是槐荫树不开口的真正原因吧。所以用柳林河水兑柿油，质地不变，性能上乘。人们找不出其中原因，只得将它神化罢了。改革开放初期，柿油生意特别火爆。柿油商在柳林河加一半河水后外卖，而且价格不菲。这就是柳林河水奇特之处。

当年的柿油商人掌握了如此奥秘，用河水赚回了大把大把的钞票，这已成为历史记忆了。其实油柿的实用价值远远超过甜柿，立冬过后是美味果品，由原来的青绿色变成紫红色，人称"僵柿"。由原先的苦涩，变为略酸甘甜，如同紫色的葡萄干。这个时候的丁星柿略带酸甜，既可降火还能养颜，过去还有农家摘回来当干果招待客人。

二十世纪七十年代以前，槐树店手工业的发达，离不开柿油和门前那条小河的神奇之水。记不清哪个朝代人们开始用丁星柿榨油，办起了产销服务一条龙的小企业。方圆几十里外的人都喊槐树店"店哈"，不足千人的小集镇，民间作坊就有几十家，有榨油厂、竹木器厂、造纸厂、斗笠纸扇厂、柿油伞厂。柿油伞是一种手工雨伞，就是将柿油当成黏合剂和涂料，把皮纸贴在事先做好的竹子骨架上，涂上柿油而制成的雨伞。也有用桐油的但有异味。乾隆手上的纸扇其实是用皮纸做的。毛主席去安源夹的一把伞，也是柿油伞。随着科技进步这些已载入史册。昔日的柿油、纸伞、斗笠、皮纸扇再也见不到了。

柿油与皮纸相互依存、关系密切，当地人就地取材利用田间地头和山上生长的一种椒皮杆（常

【邱亚林　摄】

年生长一米多高的灌木）造纸。先将枝条放在水里浸泡，然后捣成泥浆放入石灰水池中，过一段时间再用一百目正方形筛子在池中舀水，放在避阳处晾干后成皮纸。人们用它当玻璃贴窗户、做纸扇和斗笠。

唐家山村有个"斗笠"塆。过去唐家山穷得叮当响，靠做斗笠为生。不过唐家山人精明，利用资源办起了手工业，将山上的野竹、椒皮拿回来加工做斗笠。改革开放后，斗笠工艺绝迹。唐家山人依托党的富民政策，靠勤劳致富改头换面。现在是：

公路绕塆转，楼宇傍溪边。

梯田青山秀，生活比蜜甜。

这个村风景秀丽，借助大雾山天然燕儿笼岩洞，搞起了特色旅游，你可去洞中一探究竟。

唐家山对面的马驿坳村。那个地方既是徐寿辉诞生之地，又是他魂归的地方，徐寿辉的陵墓现在是省级重点陵墓。在清朝是罗、胜通邮的必经之地，邮差们常常在那里歇脚留宿，才称马驿坳。

马驿坳地处新昌河南岸，头枕乌云寨，面向石峰山。山寨脚下有肥沃的粮田、清澈的河水和广阔的沙滩。"老鸦"盯梢着蜈蚣岭盘旋。鹭鸶探鱼，迂回永逢桥边。桥头双凤跃跃欲试，竟痴迷这片秀丽河山，永驻新昌河畔。弹丸之地的故事言近意远。

远望乌云寨的顶端，偶尔乌云密布，因而名乌云寨。它海拔333.8米，旁边有赤膊岩，五米高的石砌城墙，始建于南宋。寨上至今还有点将台、跑马岗、歇马坪、阅马场、下架山等遗址。寨上古刹别具一格，原名白马三郎庙。庙内香烟缭绕，四周苍松杉木幽深，树林中"布谷"声声，莺声婉转变换着旋律。登上寨顶仰望广袤无垠的天空，再也看不到乌云，天空靛蓝亮得像蓝水晶。脚下有新昌河水照映，无须描述，这是难觅的人间仙境。

古时巴蛮人（人称长毛）经常在新昌河一带打劫，试图以乌云寨为据点。然而乌云寨固若金汤，戒备森严久攻不下。那时民间流传有句谚语：

第五篇　华祖祛忧师为范
荡平胡虏在其间

　　放假啰！又迎来一个国庆中秋黄金周，卸掉工作中的包袱，舒缓一下困倦的心灵。先去欣赏平湖秋月，品尝罗田的特色美食。点开手机百度地图，汽车开启卫星导航很快到达了平湖。

【廖权高　摄】

　　平湖——罗田的中心地段。它的名字与地理概貌有所不同。现在的平湖不比当年，是四周高山中间平坦，一条百里长河由此经过迤丽盘桓，给人印象：山俏林荫百鸟声，白云飘逸水映天。

　　从麻阳高速河铺出口往东过桥，映入眼帘的是一座高山"天竺庵"，也有人称苏鸡山、苏家山。它原因山的形态像古人梳的一个发髻，而名梳髻山；又因山重峦叠嶂、景色秀丽、树木葱茏，清朝改名为松吉山，而今念苏家山。它名曰是山，其实顶上是一个大平畈，自古以来山顶上有座娘娘庙，庙旁边有口天然水井。据说在同治三年井中出现天竺倒影，故而得名天竺庵。天竺是一种观赏植物，茎干丛生，枝叶扶疏，春夏绿叶秋冬变红，结红果。用它命名也就可想而知——花天锦地美不可言。天竺庵有座娘娘庙，在河铺平湖一带非常有名。信众认为灵验，所以常年香火旺盛，朝觐者摩肩接踵，熙来攘往。

天竺庵脚下八里畈与七里冲交界处有一座飞阁流丹、富丽堂皇、气宇轩辕的寺庙——骑龙寺，它隐匿在葱茏的树木丛中。寺建在山墩上，周边危岩耸峭。一条小溪环绕山墩，从对面观之就像一尊巨龙的

【潘子君　摄】

头，进得山中感觉超脱尘世，有幽雅和神秘的气氛。进寺内场面更令人虔敬肃然，殿堂佛香缥缈，数位方丈经词啭啭。木鱼棒棒，钟磬凝心。佛堂内僧人爆满，虔诚匍匐，好一派佛教浓重的氛围。人们常说"山不在高，有仙则名，水不在深，有龙则灵"，在这静山沟里得以印证。"骑龙寺"这厢佛地热土，在鄂东、安徽和武汉等地都远近闻名。

它原是一座古刹，其名曰"骑龙寺"。因旧时有"龙袍、龙体"之说。所以"龙"有两意：一指皇帝；二指神灵。龙是人们心目中的神灵。"骑龙"本来就不雅气，再者有犯上之意，更有辱神灵。因此，也就有信众欲将其改名为"龙恩寺"。这"骑龙寺"嘛，地脉接天堂寨之灵气，承大雾山之神尘。形似巨龙，尾接望仙岩，君临碧空而直下，犹如龙跃奔腾、灵峰起伏绵延拓展。因两边没有护山，实际上是条"赤龙"。据说"赤龙"不是吉祥之龙。寺建在它的头上则是降伏孽障，意即骑龙，让它永世不得害人。后来遍知真人（地仙）称它"骑龙寺"。相传建寺以后香火旺盛，方圆几百里都知道"骑龙寺"显灵。因此，不得不叙一叙该寺的历史背景。

骑龙寺始建于北宋中期，也有人称它"华祖寺"。华祖即华佗，字元化，出生在东汉末年豫州沛国谯县（今安徽亳州）的一个普通士族家庭，曾经游医到河铺、平湖等地。

这里的人告诉他，经常有龙来此骚扰、作怪，搅得百姓不得安宁。时而雷电交加，大雨倾盆；时而数月干旱，树木枯萎，寸草不生。实际上就是

那条"赤龙"在害人。一日华佗采药路过此地，他不仅为人治病，还给当地人指点迷津，拯救苍生。当华佗看到这里民不聊生，就问是何原因，这里的人提起"赤龙"都胆战心惊。于是华佗用采药的耙锄，将为所欲为的"赤龙"钉在此处。自此以后风调雨顺，"耙锄垴"也随之得名了。当华佗听说山上一杨姓老人，卧病三年不起。于是便给老人开了个单方"灶心土、地团鱼、灯草芯"，服下之后立马"由阴转晴"。老人将这位神医送到门前的龙头山上，突见地面一股青烟升腾，转眼不见神医的人影。没多久一道人途经此处，授意杨老人用四块青砖压在龙头左侧。看似一个简单祈祷灵位，之后人们便改建成一座庙宇，这是让"赤龙"永世不得翻身之举。骑龙寺实际上是"华祖寺"的化身。随着历史的更替，"骑龙寺"也在不断更新。周围百姓及老人后代为了不忘华佗之恩，崇敬华祖为其塑像金身，称他"华祖真人"。人们恨这条"赤龙"给当地带来厄运，更不忘华佗之恩，故"骑龙寺"才出现两个名字。这则是"骑龙寺"的身世，以及信众想更名"龙恩寺"的真正原因。

骑龙寺建成以后，大别山南麓一直是风调雨顺，没出现天灾人祸，没出现瘟疫流行，人们奉信是"华祖"显灵。古往今来，僧人和信众在寺外种植药材，有金银花、射干、天冬、杜仲等，借此缅怀"华祖真人"。后人时常站在寺后山顶上望佛，登上高高的望佛垴极目远眺，大别山南麓怡人的风景一览无遗。戏女李红梅抗婚跳崖的遗迹、"戏子洞"、岳飞破敌阵景尽收眼底，还有养育周锡恩的船形之地，对面是正觉宝塔、苏家山天竹庵大圣佛，还可畅饮"龙涎泉"水。时不时有人用瓶装此水，带回去熬药、炼药膏，说这龙涎泉水可作药引。

"文化大革命"期间除四旧，当地好心人将华祖菩萨藏于"生机沟"的石洞里。骑龙寺一时间名气不彰，2015年当地人自发重新修建。自此名声大振，百姓安和富庶，香火旺盛。每逢初一、十五，十里八乡善男信女以及周围信众络绎不绝前来朝拜医圣。

骑龙寺地处青山密林之中，山沟水清如镜、环境幽静如同仙境。三层大雄宝殿，四角牛腿风铃，雄伟壮观。寺外苍松怀抱，有奇峰怪石、流泉飞瀑、古洞危岩、名花异木，一派自然胜景。寺庙与自然生态融为一体，是天然"氧吧"，在此亦能享受大自然的清新。寺内僧尼饥食五谷，渴饮甘霖，既可修身养性，又能续佛慧命，汝若诚心圆寂，退出红尘醍醐灌顶。

寺前寺后景观奇特：药师转金龙、石狮坳、卧龙石、仙人椅、戏子洞、龙泉井、龙泉滴水宕等，来这里既可休闲养生，又可在生机沟漂流。寺内能为游客提供茶水，游客可品尝斋饭，酣饮"龙涎泉"沥出的香茶。

更为神秘的是，这里还是民族英雄岳飞抗金的胜利战场。传说南宋绍兴年间，岳飞曾在骑龙寺中设过帐，大破金兵，全歼来犯之敌。其时金兵马匹途经石狮坳，战马单足抬起，无论怎样鞭击马就是不前行。最后金兵全军覆没，"石狮坳""足马岩"由此得名。至今舂米砥臼宕①依稀可见。有诗云：

左映平湖幻影，右有石狮把门。

中宫华祖坐镇，岂能不破金兵？

（注："平胡"实际是这时起名的，"胡"指"金人"；"平胡"就是岳飞破金，平定胡人。"平湖幻影"，意指镜子。）

还有骑龙寺山后的那条河——方家冲，在绍兴元年（1131年）五月，岳家军歼击金兵流寇李成部，杀其先锋马进等，历史上称方家冲河为"杀盗河"。

提到平湖外地人会认为，那里一定是一面大湖。其实平湖这名字寓意很深，真正意思则是"荡平胡虏"。史书记载平湖，原来是罗田县境内西北部的水陆码头和军事重地。昔日的平湖也的确是一片汪洋，而且地势险要，曾设平湖关，是罗田货物进出唯一的水路通道，水运鼎盛，码头繁华。当年在

---

① 古代农家将谷加工成米的一种工具。

鄂东名噪一时。

公元1141年正月，金兀术率大军南下攻打南宋，渡过淮河之后向南长驱直入。金兵所到之处，烧杀奸掳无恶不作。朝廷忠奸混杂，战与和争论不休，民众极度恐慌。同年2月岳飞在鄂东集结人马，于黄州誓师统兵征战。奔赴石狮坳平湖一带，经过三天激战，歼灭胡虏两万多人。金兵大败，金兀术全军覆没。平定了胡人，岳飞的英雄事迹在平湖广为传颂，流传至今。由于朝廷奸臣当道，加害岳飞，岳家竟被株连九族。秦桧陷害忠良，派爪牙到处搜查岳飞亲信，为防不测，不得不将"平胡"改为"平湖"。至今石狮坳下生机沟一带，仍然能看到迎军桥、岳将军足马印和官兵打米垱的地方。每当看到这些历史遗址，无不对这位民族英雄增添几分崇敬的心情！

依依不舍地离开了骑龙寺，往南越过风景秀丽的足马岩，转眼就到了如梦如幻的花果山——沙塘角。眼前溪流潺潺，高低起伏的农苑，树木浓荫、花果满园，有红枫谷、海棠谷、樱花谷、黄金谷。沙塘角是花的海洋，满目樱枝、熏衣草、鲁冰花、郁金香。漫步在乡间的小路上，聆听鸟儿歌唱。极乐之余，晚秋梨、甜橙、板栗、水蜜桃、甜柿任你品尝。而且在沙塘角留宿便宜便当，既能赏花戏水、摘鲜果、畅游花果山，又能圆你的人生梦想！

逛完沙塘角下到粉壁坳，往右上麻阳高速，往左直达武英。朋友，别急于上高速，平湖旅游你才刚刚开启行程。不妨往北前行200米左拐，把车停在五级电站门口，去电站一睹为快。不是强人所难，因为时值中秋，不赏"平湖秋月"，枉来罗田旅游。

在古羊寨脚下电站出水口（李家埠）开始漂流。千万当心，这里水深危险！顺水而下金沙湾，或自撑竹排带上情人随波逐流。金沙湾门庭若市，两岸青山韵风流。悠然淡绿的河水，石花鱼儿顺水游，右边还是一片大沙洲，可在沙滩上晒日光浴、荡秋千，打"磨儿悠"。（注：土话，荡秋千的一种，一根柱子上架一根横梁，一头一人或两人。）

不知不觉天色渐渐地暗淡，月亮爬过了山头。沙滩上撑起了一个一个的帐篷。游人从行囊里取出地毯，放上月饼和几听啤酒，还有刚从沙塘角采来的板栗、秋梨、橙橘和甜柚。三五一伙围坐在洁净细腻的沙滩之上，举樽对月饮啤酒、吃水果、尝月饼，悠然自得过中秋。

【廖权高　摄】

万里无云繁星点点，银盘皓月悬挂当空。面对胡家河，背后秋千厂。胡河岸边观潮涌，秋千厂上望嫦娥。你或许觉得这就是"平湖秋月"，非也！宁静的夜空"穷睬眇于中天，极娱游于暇日"。仰卧沙滩望长空，明月当中吴刚手捧桂花酒。极目嫦娥舒广袖，寒宫度步漫悠悠。月光随着河水悄悄地流，冲刷了旅途劳顿，洗净了心中的忧愁。赏月饮酒把酒临风，这才是"平湖秋月"。家人、知己或情人围坐沙滩对月饮酒。忽闻《月光曲》《十五的月亮》的音乐响起，游水媛萱余音清幽，酒逢知己音乐声声，免不了一醉方休。人生难得几回醉，畅谈人生去全球周游。抬头望月亮下溯酒兴上头，顺势倒下，此时印证了宋代女词人李清照的那句"浓睡不消残酒"。月朗星稀、河水平静，清风皓月万顷秋。有道是：人生年年有中秋，今个中秋把君留！

平湖景色妙不可言，物竞天择乐无穷，青山绿水在其中。览胜平湖心情畅快，心灵放荡不羁，倍感轻松。笔者寡见鲜闻，用几语形容：

鹰窠孵苏鸡，牯羊对峙两条龙。

花果沙塘角，层林叠翠数上冲。

宝石亮京城，秋千荡过万全峰。

金沙湾戏水，母本园中咏古风。

（注：苏家山、沙塘角、七里冲三村交界形似青龙，骑龙寺后是一条赤

龙。）

平湖风景秀丽，物产丰富。位于平湖乡中心的黄家垮村，一垮一村500多人。它是罗田优质板栗示范村，湖北省农科院板栗母本园基地。该村每户栽种板栗超过两亩。黄家垮村人才辈出，百步香草。古时从垮中走出了8位秀才，还有人称它"秀才垮"。中华人民共和国成立后大学生累计有一百多人。

黄家垮是县级重点文物保护单位。垮中仍然留有古朴的阁楼一进五重，清朝戏楼依稀可见。黄家垮中间平坦，三面环山，西边有出口。而且诸山各自有名：国安寨、犀牛望月、老鹰觅食、罗汉献肚。来到黄家垮，导游会口若悬河讲述百听不厌的典故。从黄家垮后登山，越往上山重水复，来到大雾山脚下上冲村。那里如同陆游所述的"柳暗花明又一村"。海拔500多米高，森林覆盖率90%，是地地道道的生态农庄。游过上冲村的客人谈起上冲村时夸诩：

> 背靠大雾山，农院隐山间，
>
> 村前杀盗河，庄后龙挂幡。

103平方公里的平湖，名山就有三座：古羊寨、万全寨（李蟒岩）、笔架寨（又名笔架山）。笔架寨因山形像笔架而得名，山中有云龙古寺，寺里古井水质清澈甘纯。笔架山中蕴藏大量石英石、长石、花岗石、矽线石、水晶石。水晶石光亮透明，晶莹剔透，在太阳的照耀下美妙奇幻。1957年山中挖出一颗罕见的700公斤重、无与伦比的水晶石并被选送北京，属全球稀有宝石，现陈列于北京矿产馆，供世人观赏。

平湖物华天宝，圣人走过的地方不同凡响。儒家思想根深蒂固。春秋时期孔夫子周游楚国，路过平湖在圣人堂歇脚。圣人休息之余不忘传播儒学、儒教，后人便称那个地方为"圣人堂"。儒家思想体系在平湖源远流长。平湖人也广结善缘，真诚对待朋友。历代平湖人尊奉圣人名言"学而时习之，不亦说乎？有朋自远方来，不亦乐乎？"平湖人历来崇尚圣贤、尊师重教、热衷读书。"学而优则仕"、"唯有读书高"被奉为宗旨。这不，清朝翰林周锡恩就出自于平湖古羊山村。

古羊山鹰窠垱是周锡恩的出生地。后山的那座山峰叫古羊寨，原名牯羊寨，因山形似好斗的牯羊而得名。它位于平湖乡与河铺镇交界处，海拔约700米。这里有茂密的灌木丛，寨顶有碉楼、古城墙、石门。龙泉、莲心两座寺庙香火旺盛。寨的半中腰有一石洞，当地人叫它"龙筋洞"。所谓"龙筋"就是龙的精髓。这洞宽窄不到两丈，洞顶四季滴水落在一个小池里，不溢不涸。周围的人如遇三病两痛来洞内取水喝，据说比较灵验嘞。

古羊山历来富庶，土地肥沃，村正中央是个大畈，四周是村庄，整个古羊山的水只有西边一个出口，人们管那个地方叫"水口"，它在古羊寨脚下。过去方圆几十里流传一句俗语："酒醉何家畈，饭胀古羊山，……"古时河铺八里畈的何家畈人嗜酒，何家畈本来就粮食充足，于是便用粮食酿酒；而古羊山无论是天旱还是洪涝，年年稻粮丰收，有吃不完的粮食。

鹰窠垱在古羊村下面的半山腰，也就是骑龙寺正对面。鹰窠垱顾名思义是老鹰栖息的地方。垱后及左右均临陡山，正前面狭窄，被斜对面的"龙头"独瞅着。视线下是一条小溪，垱内一天日照时间短，成天阴阴暗暗的……奇怪，就是这样一个不起眼的山垱，竟出了个赫赫有名的翰林。在人们好奇心理中，不得不与这垱的名称和"龙脉"联系起来。于是人们便归因于一是牯羊给那里的人带来了智慧，二是得益于骑龙寺的灵光照映。加之平湖、河铺本来是山清水秀、地灵人杰之域，所以出了翰林也在情理之中。

提到周锡恩，罗田乃至黄州，无人不知无人不晓。周锡恩，字伯晋，清咸丰二年（1852年）出生于鹰窠垱，也称"是园先生"。1898年，戊戌变法，周锡恩忧于时局，在凤山镇石源河建"是园"（据传有99间半房屋），门窗为杉木，呈赭红色，雕龙画凤，做工颇为精巧，种桑近万株，准备颐养天年。二十世纪七十年代后期，因"治河改道"工程，"是园"被拆。周锡恩的坟墓"文革"时被毁坏，现仅存墓穴。在"是园"遗址处，至今还能找到青砖瓦砾。故居鹰窠垱仍然保存旗杆石座、石刻门梁。

周锡恩少年时天资聪慧、读书用功，未成年就以文字受知于学使张之洞，得举秀才。后就读于武昌书院，学业精进，又跟从院长刘恭冕学小学和经学。光绪二年优选贡生，他为湖北第一名。主考官在他评语中称赞："用笔如神龙在空，鳞甲宛然，令人炫目。"他参加朝考得中，算得当时的旷世奇才。光绪五年他中湖北己卯科主人，光绪九年成进士，散馆后授编修，以其文思敏捷、才情豪放而受推崇。时人将他同江南才子张百熙合称为"北周南张"。

光绪十四年周锡恩充任陕西副大举考。其时遇到一位才女，才女想试探这位举考官的才学。便出上联让他对，心想对不上来，得奚落这位考官一番。上联是："户羽石皮——湖北大人摇"，周锡恩立马答道："革圭不正——陕西小姐靸"。才女岂知周锡恩才智过人，倒觉得无地自容，只得甘拜下风。这对联的巧妙之处，将前四个字拼成两字并倒装，再移到最后，意即：

湖北大人摇破扇

陕西小姐靸歪鞋

光绪十九年周锡恩又奉旨任浙江乡试副考官。在浙江举考期间打马游街，游完后从街头到街尾，人家门前的对联他逐一背出。也就在这次他揭穿了科场考试舞弊案，给他带来了不祥之运，由此而卷入官场纷争，影响了仕途。清朝政府法度责罚不明姑息养奸，周锡恩的权威也受到了极大的挑战。周锡恩也因此看透晚清政府走向崩溃的必然性。周翰林虽然身居官场，却不知官场深不可测。尽管有着一腔浩气，但做人却不拘小节，不能面对现实时务。

周锡恩始终以国之兴亡为己任，在翰林院供职期间，倍感国力衰弱、民生凋敝，曾多次疾呼，要"整治朝纲，振兴国运"，他在《变法通议》的奏章中坚持"运会易而气机更，气机更而治化因，古今之人莫之能违化"的信念，认为"学有千年不变之道，政无百年不变之法"。甲午中日战争失败后，中国割辽东半岛、台湾于日本，并赔款白银200兆两。他闻此国耻，抱头痛哭，遗恨报国无门。

光绪二十二年罗田大水，河铺、平湖旁屋倒塌，村庄树木冲刷无遗，灾民遍布各地，国家满目疮痍。他将家存仓谷仅留十日之粮后全部赈济灾民。还求得省、府、县拿出赈灾款银两千两，大米五千担。用北宋文学家范仲淹经典论句"居庙堂之高则忧其民，处江湖之远则忧其君"来形容他的为人处世、为官之道，有过之而无不及。周锡恩不仅是学子中的佼佼者，更是爱国忧民的忠臣。

"聪明反被聪明误"，周锡恩聪明睿智，过目不忘，但在官场不能左右逢源，有一腔正气却不能低调做人。周锡恩中举后傲慢非常，其父当过酒匠，因此有人讥讽"锡锅蒸开天地眼，酒甄流出翰林来"。酒匠是一种职业，没有什么不好，可他觉得无地自容。同考者们问他家世他傲唱："锡恩福自多，家住凤凰寨，屋后跑马畈，门前柳林河！"问到何方人氏，他随口吹嘘道"二里柳林河，家住凤凰寨"。当年鹰窠垱周围松树出现扭曲现象，说那是老鹰在此搭的巢，所以才出现扭曲，这印证了此处就是鹰窠垱啊。而跑马畈指的是古羊寨下八百亩共出一水口的大田畈。门前的那条小溪也不叫柳林河！有道是"金无足赤，人无完人"。

周锡恩亦爱写打油诗和田园即兴诗。例如赞美乌桕：

"山村富乌桕，枝丫蔽田野。皴皮蚀风雨，丑怪颇不雅。……夜霜变颜色，天工巧炼冶。"（乌桕，别名：腊子、木梓树。要注意及时防治虫害。）

周锡恩博学多才，出类拔萃，幼小时就聪明过人、思维敏捷，两岁就能识五六百字，三岁时能把《三字经》《千字文》背得滚瓜烂熟，五岁时能吟诗对联。一次吃饭时，他父亲指着桌子上一碗腐乳说："腐豆腐"，他脱口而出"生花生"。母亲听了，指着猫说："黄猫儿"，他小眼一眨："黑狗子"。阳春三月一天他祖父带着糖果引他上山玩耍，到山顶朝远处一望，出了一副对子："登山望南北"，幼小的锡恩边吃着糖果答道："沿路吃东西"。（摘自《罗田文选》。）

周锡恩十来岁时就一目十行，过目不忘。一个叫刘集文的书店老板见他总来看书，从来不买，问他为什么不买一本，他回答"我都记在心里，无须买了！"老板拉着他说："我出个对子，你对上了，就让你看，对不上，就再不要来了"。锡恩说："你出吧。"老板说："买书看，无如尔狡"，锡恩笑了笑，接道："卖货人，唯有你……"突然停住不说了，老板追问"还有一个字怎么不对出来？"锡恩说："这个字不好对，你让我看，对个'贤'字。""那我不让你看呢？""那我只好对个'奸'字啰。"老板哭笑不得，说："小小年纪，前程无量，看去吧。"

光绪二十二年赈灾中，为防止地方官从中克扣、贪赃，他亲自下乡查点灾民人数，造具名册，点名发放，令朝廷宦官和地方官记恨。贪官们抓住他个人生活中不检点的把柄，借题发挥并小题大做，多次联名上告朝廷。光绪二十六年，朝廷以"在籍编修周锡恩，专事浮夸，不顾行检"的罪名将其革职，送交地方官管束。

周翰林虽然饱读诗书满腹经纶，但忘却养生，将人生定格在48的数字之上。回首养育他的那片土地，四周依旧是茂密的松林，而那鹰窠早已无鹰。人们常常谈起这位书圣之趣闻。或许你余兴未尽，爬上鹰窠后面的山顶，对面的"苏鸡"正朝着"古羊"打鸣。看看脚下两山之间的那条公路，密密麻麻的"蚂蚁"（汽车）行军。翰林所说的"跑马畈"其实就是八百良田沃野，古羊山人世世代代在那片土地上辛勤耕耘。如今这山上的农民早已实现现代化，在党的和煦阳光照耀下，"跑马畈"村，呈现出一片欣欣向荣的景象！

第六篇　骆驼沉迷稀世宝
燕儿香袭两重山

话说一只走南闯北的骆驼，来到将军寨旁边就再也不走了，这是何故呢？原来它是沉迷那旷古未有的稀世之宝——"高压榴辉岩"。高压榴辉岩是地球上少有的珍稀瑰宝，距今已有16亿年，属世界地质遗产。高压榴辉岩是在高压环境中产生的，是印支期华北板块和扬子板块俯冲碰撞的产物，主要由绿辉石和石榴石组成，含少量其他矿物质。因此，骆驼坳人还得感谢这祥和的骆驼慧眼识"宝"！这宝隐藏于武英高速出口、红绿灯旁边的牛皮地村。

骆驼坳与县城接壤，与白莲、浠水毗邻。这坳四通八达，是罗田南部出入要冲。骆驼坳这名字含意很深，先人命名"骆驼坳"有三重意思：一是，昔日法堂坳街地处山坳，街后山势像骆驼峰，又与法堂坳音近，便唤此地骆驼坳，这纯粹以地形定论。二是，以骆驼习性起名，尽管骆驼坳是块风水宝地，但也有美中不足之处，就是水源不足，缺水；然而，骆驼是"沙漠之舟"，天性耐旱恰恰成就了它，相中在此处落地生根，这才是骆驼坳的本意。三是，骆驼这种牲畜有股不屈不挠的精神：它身躯高大，能忍饥耐渴；没有水能活3周，没有食物可生存一个月之久，户外生存能力极强，经得住严酷环境考验。因此也有商家借用其形象代言，来炫耀自己的产品质量。它"驮重不驮轻"，能堪重负，有一种自强不息的品质。这地名彰显骆驼坳人的灵魂！

改革开放后，骆驼坳撑起了罗田南部发展的一片天。骆驼坳镇参加了湖北省百强乡镇竞选，燕儿垮成了罗田最美乡村典范，村镇建设也列县前茅，经济发展速度快。这些成绩的取得，一是得益于党的正确领导和国家的惠民政策，二是骆驼坳人有奋发图强的精神，把骆驼坳建设成了花红柳绿之镇。骆驼坳如此美好，人们爱把原因归结于那里的地势地脉优势。除有世界地质遗迹之外，看那骆驼雄姿勃勃，凭借东面将军寨的护卫才焕发奋进。即便它背负着这万古将军老寨，而"将军"慈爱地注视着这祥和的"骆驼献宝"，拱出了骆驼名村，托出了魅力无穷的燕儿谷！

骆驼坳有个名声显赫的小村，恰恰是骆驼精神的印证，这村名叫燕儿谷，原名燕窝垮。就因四面环山中间是一片沃野良田，形如后厨里的一口锅，现在却变成了花园。东南方山势像一只正在空中翱翔的燕子。古人说这里就是燕子的窝，所以叫燕窝垮（现名燕儿谷）。一进燕儿谷油然觉得空气清新、繁花似锦、环境幽静，是个富丽的小村。

【燕儿谷生态农庄　提供】

燕儿谷凝集天地之灵气，孕育出了不少的学霸、时代的精英，有莱斯大学博士生张曦，有政法大学硕士于涛，有清华大学硕士生王烁、彭耀辉、张琰、明越、王骧超、徐拯……翻阅罗田文人历史，大崎一垮两朝出三个解元，人们便把那个垮的那个村改名三解元村。大河岸汤河上游，曾经出了六名进士，人们引以为豪，把那条河改名进士河，从古颂到今。然而，燕儿谷鸾翔凤集英才远远不止六个，却默默无闻。他们为祖国繁荣昌盛辛勤奉献，令罗田人感到骄傲，为之荣幸。曾经有人总结燕儿谷精英和建设的美景：

燕儿影落云深处，谁人知是谷中藏；

将军虎母遥相望，百花竟意赛春芳。

　　燕儿谷其实是后起之秀的村。为何称之为后起之秀？改革开放之前它是个穷埫僻壤村。了解燕窝埫的人也只有骆驼坳人。现在可热闹啊，不仅周边百十里村、镇及整个罗田，连黄州、武汉乃至全国各地游人，慕名来这里观景览胜。每逢节假日前来赏花踏青，欣赏这生态农庄的游客络绎不绝，引得那些导游、解说人员忙个不停！

　　燕儿谷是社会主义新农村的样板，更是全县村镇学习的标兵。燕儿谷人本着尊重自然、顺应自然、保护自然的生态文明理念，坚持"五位一体"的总体布局，大力推进"生态环境"工程。以"村容整洁环境优美"为宗旨，从硬件建设着手，整治"脏、乱、差"。实现了道路硬化，首先是"厕所革命"清洁了水源，修建了垃圾池和下水道，让垃圾污水统一排放处理。拆除有损环境形象的旧猪舍、旧牛栏等，实行无害化管理，畜禽养殖与生活区域隔离。

　　谷内有标准化篮球场、休闲运动场、车辆停放处。居民经常举行篮球赛、乒乓球比赛、广场舞比赛。燕儿谷多次举办"大别山茶梅节、梅花节、花朝节、茶花节"等妙趣横生的游娱活动。燕儿谷其实就是一个"欢乐谷"，谷内还保留有明清时期的古建筑——祠堂。祠堂内有天井，整洁清净，厢房庭院依然尚在。祠堂外百年古木参天、绿树成荫、柳色春藏，庄稼和花草飘香，童叟怡然自乐！看到这些唤起了人们的敬慕之心，联想到那些从这里走出去的博士、硕士当年刻苦攻读的情景。

　　如今的燕儿谷令人刮目相看，优美的人居环境，俨然一个温韵祥和的社会主义新农村。燕儿谷赶上了天时，得益于地利。燕儿谷人没有辜负党的恩泽和大自然的犒赏。开启了思维，瞅准了商机，把握了契机。利用这画地成图的自然生态和地理环境，发展旅游事业。全村得以致富，群众脱了贫，走上富强路。

　　2014年燕儿谷生态休闲观光有限公司，被认定为黄冈市农业产业化、市级重点龙头企业，还通过了国家3A级景区创建验收，被国家旅游局、国务院扶贫办确定为全国旅游扶贫试点村。2015年燕儿谷生态农庄被评为湖北省"十佳示范农庄",还是省农业厅和省旅游局确定的湖北休闲农业示范点。2017年2月中央新闻对燕儿谷取得的成就给予充分肯定。

燕儿谷名声籍甚,得益于回乡创业人士、省人大代表、燕儿谷村第一书记徐志新。他早年辞官不做,下海后回到家乡,同村民一道共同建设燕儿谷,坚持不懈地带领农民艰苦奋斗,村民终于摆脱了贫困,燕儿谷从此走上了共同富裕的康庄大道。

艳阳丽日惠风和畅,从骆驼南街前往东,沿着一条小溪进燕儿谷。弯弯曲曲的道路旁边,树立着一株株高矮均匀的盘槐树,像少女披着秀发彬彬有礼迎接贵宾。植物园中有蜿蜒的小路,漫步在幽静的林荫之下,奇花异草的香味扑鼻而来。地道的生态农庄,内有茶梅园、红豆杉园、桂花园、盆景园、红枫谷、老年公寓、休闲运动场、垂钓中心……是人们在闲暇之余、节假日荡涤心灵、消除劳顿、忘掉郁闷的极佳之处。谷内建亭,植被掩映,蜂歌蝶舞,清风拂面。陪同好友、家人来燕儿谷小憩令人惬意。站在花园中乐享花香,看足下纵横的小溪清水长流。燕儿谷美啊!水长流,花常开,树常青,人长寿。

春天嫩绿的树芽,金黄色的油菜花,上百亩颜色各异绽放的茶梅、桃花,一排排,一片片,一层层,一串串,目不暇接百看不厌,鲜花朵朵引人醉,满园花香满谷飞。踏行在葱郁的草坪,花蝶飞舞、春意盎然。聆听百鸟鸣春,沐浴着和煦春风。暖融融的日光洒满一地黄金!

在燕儿谷欣赏：初春杨柳吐新芽，紫荆、杜鹃望春；盛夏紫薇、广玉兰、美人蕉雍容华贵；金秋橙黄秋菊、木樨十里香沁人心；寒冬腊梅、茶花盛开送旧迎新！谷内桃花、茉莉、月季、牡丹、仙客来同样花蕾满枝。身临燕儿谷你会忘记这里是冬还是春。燕儿谷是花的海洋，彩蝶在花草丛中翩翩起舞，分享着花开盛宴。生态农庄是人间的乐园，步步入景。满谷花蝶飞舞，满谷绿草馨香。清澈的池塘边，杨柳随风摇曳。钓鱼人悠然自得临水垂纶，感受挥杆而渔的生活情趣。这后起之秀村杏雨梨云，骏业日新！

骆驼坳不光有后天营造的人间乐园，还有天赐的自然美景。将军寨北面的奇景"望江垴"。有人说站在望江垴上可望长江。有记载曰："西望武汉、黄石、长江若隐若现"，不过很少有人见到过此景。其实站在望江垴上望长江，也不是没有可能，那只能在夏天阵雨过后，天空出现彩虹，万里晴空之时则可望见长江。它属骆驼坳奇景之一。

镇西部一公里处有座古刹名"资福寺"。该寺始建于唐朝，已被罗田列入古文化遗产。它占地面积一千多平方米，资福寺自古被誉为蕲罗四大名寺之首。它历史悠久，其香火也盛极几个世纪。据方志学家王葆心考证，《罗田靖乱记》中载，建炎二年（1128年）有一个叫绍询的方丈，带领僧侣化募巨金，在此建成一座规模宏阔、寺宇巍峨的资福法堂。当年有庙宇九重，八堂六殿，巨大的楹柱要两人才能合抱，高约五丈，足见当年资福寺的气势恢宏。钟楼里悬挂着一口径五尺有余，重两千斤的大钟。钟上刻有铭文，它是资福寺的镇寺之宝。每逢佛事将至，僧人撞钟，"钟声远播三千界，法雨宠施万亿民"。十里八乡之外有僧侣、香客络绎不绝前去朝觐。也有不少的文人墨客借机来寺作画、咏诗助兴。

据《罗田地名志》记载，资福寺是当年江北淮南大刹之一，其佛事兴盛延续达300余年。方圆百里佛教事业均以资福寺为轴心，是当时罗田、蕲水（今浠水）重要的政治、商贸、文化活动中心。据说元末年间徐寿辉起事首克蕲阳，曾议定在资福寺称帝，终因水源不足，不得不移址蕲水清泉寺。此后因战事频繁，时移世易，加之天完皇帝没落，资福寺与法堂坳那条老街也随之衰落。如今的资福寺面积近千平方米。前后两殿飞檐四出，还有寮房十间，寺宇较为宏大。寺内如来佛祖仍坐在莲花之上，笑容可掬，姿态安详。左墙上一幅巨大"佛"字，笔势行云流水、苍劲，尤为抢眼。它是书法家、社会活动家瞿忠谋先生的手迹。

游览骆驼坳不去将军寨是旅程的缺憾。将军寨山峙渊渟，它在骆驼坳诸山之中独占鳌头。这寨风格独特，海拔约600米高。远观其形，犹如仰天长啸的雄狮，因而古名又称啸天狮子山，也有人叫它尖峰寨。当地民谣："上黄婆（黄婆岩），下夹锣（上下罗墈），啸天狮子赶骆驼（骆驼坳）"。将军寨位于骆驼坳镇东面，东南是冈家圈周围五个村和白莲移民村；西边是郭家河村的几个垸落；北面，也就是山的尾部有叶家圈三个村。山周围的居民世世代代与青山相依，与树木为伴，农耕为业延续至今。

将军寨系大别山支脉，是国土坐标，是历史上的军事要塞。明朝时期山上有寨主瞿某、副寨主刘妣常年驻寨为寇。这瞿某来寨之前，曾经是朝廷的一位将军，所以才有"将军寨"之说。副寨主刘妣乃蕲春人氏。据传有一侍女名为黄婆婆，其家道富豪，捐修叶家圈桥头铺至凉亭岗，石板台阶路及牧马坳水田四十二石。明朝洪武十七年甲子岁（1384年），寨主之子瞿氏训文公，将期颐之二老迎回学堂咀老家安度晚年。寨堂由黄婆婆代管后，将观音洞之佛像请入堂中，致香火鼎盛。明正德年间（1506—1521年）为追怀黄婆婆之功绩，人们将寨堂改建成寺庙，增置佛像供奉，故后人称此寨为将军寨。

将军寨三面均为悬崖峭壁，无路可攀。仅东面的狮尾木马坳有一条羊肠小道可通往狮背。主峰还有石庙，历史悠久，至今香火火爆。石庙前后有各种奇形怪状的岩石，还有舂米的石臼、石井，井壁布满青苔，但井水清如镜，冬暖夏凉，终年不竭。站在主峰眺望无限风光，东临英山和峰峦叠嶂的霍山。山峦与脚下田园映衬，春天山麓似翠绿毡毯，秋天稻花香气看丰年！

　　将军寨风景秀丽，连碧青山，景色宜人。远观形似埃及的金字塔，若从侧面观之，它又宛如一头睡狮，雄伟壮观。"将军寨"有一座庙宇"云楼庵"。

　　相传宋朝时期，云楼庵初建于黄婆岩正畈大塘里，因庵后茔葬过宇，遂迁至凉亭岗，又因斯地过道繁杂，诸佛不安遂显灵，自陟将军寨之观音洞处栖身。因年久失修庵堂垮塌，二十世纪九十年代重建后，信众络绎不绝，寺庙远近闻名。山上有约10米长、2米宽的葱担石，延伸至悬崖峭壁之上，是一道奇观。常有冒险者爬上顶端观览美景，别有一番情趣。将军寨森林茂密，奇花异木，鸟语花香。名贵药材种类诸多，经常有野猪、锦鸡、果子狸等野生动物出没。

【陈志桥　摄】

　　骆驼坳既是大花园又是动物园，有骆驼又有老虎，一个温顺，一个凶恶。然而两动物相处，竟相安无事，因为这老虎是一头身怀六甲待产的母虎，才相较温和。

　　从县城往南不到十公里的路边往东上山。一条七弯八拐羊肠九曲的水泥路直上，到达水库坝埂，也就到了虎母山。《康熙县志》载："山形高耸峙立森列啸虎可畏，旁有累累众石，宛若乳虎随母。"因山上有座古庙，又叫古庙山。站在库坝回头望，满目庄院农田，青龙白虎分立左右两边，古庙山被紧紧搂住，故称"虎母山"。虎母山四周青山环绕，中间平坦。住着五十来户人家，有上百亩良田。这里似乎是世外桃源。没有外来的溪流，完全靠天吃饭。别看无外来之水，也没有水外溢，但从来就不干旱。正所谓："肥水不落外人田"。俗眼看它就像个盆，堪舆先生却有高论，称它金盆。

　　沿水库大坝边上看风景，不知不觉到庙前大理石栏杆延伸至水库中间，那座观赏亭，岸边一座青墙彩瓦古香古色的寺庙，人称关帝庙。庙前清波粼粼，庙后山岚浓荫。在门前香樟树下的大理石茶桌旁边落座，边品茶边赏山水风景。沿着寺庙旁边幽静的丛林拾级而上，踏着光滑大理石台阶来到一座小庙前。站在庙前纵观万顷良田，公路上的"蚂蚁"接连不断。小庙内依石而刻的摩崖大佛，姿态安详正目视前方。虽说佛祖早已将红尘客梦置于九霄云外，但它时刻护佑着大别山麓儿女，世代无恙安然。

在虎母山览胜，导游会滔滔不竭地讲解神奇传说和典故。话说在咸丰，同治年间，为防贼寇骚扰，当地百姓在山的四周修筑石城墙，城墙外山崖陡险，易守难攀，并建有东南西北四大城门，即：光华门、文明门、清华门、百战门。至今，百战门外约5000平方米的兵马训练场依稀可见。南门古城墙外有望江寺。虎母山林荫幽径，山花鸟鸣。山林中植被清新，吐纳大自然的风韵。库内水清见底，微风轻拂，碧波盈盈，太美啦，柳暗花明又是一个秀美村！

骆驼坳镇区建设别有风韵，绵延十里的街道平坦而清静，晚霞稍退灯火通明，镇内秩序祥和稳定。骆驼坳现代化建设催人奋进，催人创新。

啊！回眸骆驼坳这片热土，瞧那世间稀有的高压榴辉岩，看"骆驼"背来的秀丽山川。它赋予骆驼坳人纯朴善良、精明能干、开拓进取的优秀品质。再来可乘飞机直接抵达骆驼坳，沐浴新农村的和煦春风，领略社会主义道德风韵！骆驼坳人也正创造条件，深度开发96平方千米的土地。决心将它打造成罗田南部大花园，让骆驼坳的景色更加艳丽迷人！

第七篇　金沙绘就三千畈
温泉育柿比蜜甜

　　"百里金沙滩，千年温泉镇"，这是对三里畈镇特色景点的经典描绘，可它的人文景观还远远不止这些。三里畈是全国重点镇、全国文明镇，自然也就卓尔不群。它还是举世闻名的甜柿之乡，全省顶级的温泉度假村，具有世界级别的沙雕场，还有生态农业观光度假村。

　　三里畈景点特色、美味众多，尤有甜柿和葡萄。不妨先到瑞源葡萄园尝鲜解馋吧！走完318国道罗田段到新桥，映入眼帘的是400亩葡萄园，这里就是三里畈瑞源生态农业观光园。适逢葡萄成熟

【雷仲才　摄】

季节，国道旁边停置各类豪华汽车，男女老幼如潮水般进园采摘。难得一见的夏黑、弗雷、红提、美人指、金手指等优质葡萄应接不暇。慕名而来采摘的客人络绎不绝，还有家长领着孩子冒着酷暑前来体验。三里畈真可谓是热闹非凡，魅力无穷。葡萄、沙雕、甜柿、温泉等任凭你吃个饱、玩个够。来过的客人游览三里畈之后，总有一种依依不舍的感觉。真是：人不留客天留客，主不留人景留人！于是乎，有人用寥寥数语抒发惜别之情：

碧水金沙绕温泉，心裁别出塑奇观。

地涌良药治百病，赤膊淋汤醉梦仙。

丽室华堂迎远客，甜柿夏黑拌垂涎。

女男老幼均观赏，天下无双在此间。

三里畈镇是罗田西向要冲，巴水上游河畔。这里交通方便，北通安徽金寨，西连大崎麻城，直达黄州武汉，东临罗田城关，现已成为罗田第二大城镇了。

三里畈原名叫"三千畈"。古时因为这畈水源充沛，能产三千石粮食，加之街道自上至下足足有三华里，所以人们干脆称它三里畈。

三里畈接天地之灵气，取日月之精华，是块福泽之地。圣人经过的地方非同凡响，春秋卅二年孔夫子陈蔡之野，由新洲到麻城夫子河，途径三里畈的夫子岭，也就是后人称的"父子岭村"。三里畈在抗日战争时期，日本军队踏入温泉战马不走，不得不撤退，三里畈免遭劫难。二十世纪六十年代曾经有在三里畈立市之说。那些省、市级重点企业和一些知名学校也都纷纷落户三里畈。人们相中三里畈这厢福地，就因为这里环境优美、水源充沛、气候温和、交通方便，而且还有享誉世界级别的温泉。三里畈人把握住了契机，赶上了潮流，在镇党委的领导下，抢抓机遇实施"开放强镇、引资富镇、借资兴镇"战略，坚持招商引资，借助党的好政策，利用大自然赐给的地理资源，发展旅游事业，把三里畈打造成全国一流的温泉旅游度假区，使之进入全国重点镇行列。

三里畈早年经湖北省水文地质大队勘测、钻探，其中有高温井七口、优质矿泉井两口，地热面积为1.4平方千米。取水平均温度63℃，这些井的服务年限有150年，热当量相当于标准煤22.2吨/天。优质的地热资源，给三里畈人带来了福利。整个三里畈街全部都用上了温泉热水，而且还辐射到周边村组。人们利用温泉搞起了休闲，建起了大棚葡萄园；还栽种果树、培植花卉，搞特色水产养殖罗非鱼和其他多种名贵鱼，养殖甲鱼年产量达万斤。地热大棚蔬菜年总产五百多吨；地热花卉远销省内外，深受广大客户的青睐；温泉疗养院平均每年接待三万多人次，已建设成为集美食休闲、沐浴疗养、种植于一体的综合型旅游度假区。

三里畈温泉舒适、喷涌、雾气氤氲、热气腾腾已久负盛名。泉水晶莹，无色无味，自涌水温在70℃至 77℃之间，居全省温泉水最高温度。三里畈温泉沸涌如汤，水质化学类型为硫酸钠型和硫酸钠钙型，并富含硫酸根、钠离子、可溶性二氧化硅、氟离子，有别于其他地方温泉水。此外还含有对人体有益的微量元素，如锌、锶、偏硅酸等，可作医疗矿泉水用。水中微量放射性元素以镭、铀和氡为主，对治疗人体疾病具有特殊疗效，长期温泉洗浴对预防高血压、动脉硬化、心肌炎、痛风、风湿病、关节炎、肌腱炎、肌劳损和皮肤病均有很好的效果，并已得到临床实践证明，具有极高的医疗价值。而且这里现代化的休闲设备齐全，有洁净的居住环境。虽说唐太宗沐浴过的华清池温泉舒适，但与三里畈温泉相比，则是小巫见大巫啊！

站在三里畈大桥领略大河上下，一望无际的金沙似玉屑银末，碧波荡漾，鱼翔浅底，沙水相依，"百里金沙滩"名实相符。丽日、沙滩、清水犹似巴厘岛海边。每到春秋时节那些游人、情侣、夫妻携着宝贝带上躺椅，提着饮品，撑起五彩的遮阳伞在沙滩上小憩。他们时而在清水中游戏，时而举家躺卧沙滩享受日光浴。远望那繁星点点的"蒙古包"，情侣、孩童们在这里都能找到各自的情趣。一把太阳伞体现出一种浪漫、一种情调、一种氛围。这沙、水、情契合而深植于人的心底。也许不曾想过什么叫浪漫，其实浪漫已经悄悄地来到您的身边，它就是那么漫不经意！

三里畈的河沙细腻而柔软，它能给艺术家提供展示手艺的场地——沙雕。沙雕，顾名思义，就是利用堆起来的细沙将它雕琢成想象中的艺术品。概括地说就是"大地艺术或者边缘艺术"，是融雕塑、绘画、建筑、体育、娱乐于一体的艺术品。通过堆、挖、雕、掏等手段塑造出各种形态来供人观赏，而且具有独特的震撼性、真实性、参与性、娱乐性、大众性、时限性等特点。艺术家们能用河沙抒发各种奇思妙想，匠心营造出自己梦幻的天堂，还能勾勒出人间百态，奇形怪状。顷刻间能建造出高楼大厦、桥榭廊亭、珍奇怪兽、山水园林，显现出一幕幕山水风景，一幅幅惟妙惟肖的人物图形。来这里可以尽情地感受快乐的人生！尽管三里畈沙雕才刚刚起步，但它并不亚于美国佛罗里达和加利福尼亚海岸的沙雕场。一片广袤的沙滩，蓝天碧水相伴，沙粒细腻洁净无泥，而且不受洪水影响。游人可以从中学到雕塑技艺，寻求各种美感，还能异想天开，能别出心裁地创造出人间奇迹，亦能构

【毛群益　摄】

建巨型雕塑，使它成为现代艺术与现代商业完美的结合体。

沙雕是一种场面宏大的大地艺术，真正的魅力在于它以纯粹自然沙和水为材料，通过艺术家的创意，呈现迷人的视觉奇迹。沙雕艺术能体现自然景观、自然美与艺术美的和谐统一。通过沙雕给人一种强烈的视觉冲击力，能让更多人欣赏和体验到这种沙雕艺术的震撼。难能可贵的是，它不会造成任何环境污染，在正常情况下一般可以保持几个月之久。广阔的沙滩资源、清净的河水，是沙雕爱好者的乐园，受到游人的钟爱和热捧，为游人提供完美视觉盛宴！

沙雕是吸引游客的一种独创，也是一种全新的娱乐形式和极具吸引力的特色旅游景观。三里畈通过沙雕促进了旅游，招来了大量游客，激活了旅游市场，活跃了镇域经济，彰显了三里畈特色旅游的一大魅力。

三里畈还是红色旅游胜地。那小石阜山上的烈士亭，记载着146位烈士的丰功伟绩。烈士亭占地面积30平方米，亭通高9米，三层攒尖塔式，顶饰五角星。砖石结构的亭内三石墙上嵌石碑4通，每通高1.3米，宽0.65米，楷书阴刻

碑文。碑文记述了第一次国内革命战争时期、土地革命战争时期，以及在抗日战争、解放战争中本籍和外籍，共计牺牲的146名烈士。先烈们为赢得革命的胜利、祖国的繁荣昌盛，不惜抛头颅洒热血。人们时常怀着崇敬的心情，瞻仰这146名烈士。1953年当地政府专门在此修建烈士亭，它是罗田重点文物保护单位。

从小石阜山下至大桥头，沿着三胜公路顺小溪北上，小溪拐七道弯，就是七道河。七道河看上去并不咋地，就那么一条冲。但看黄岗庙的那条小河，奇嘞，连水也叛逆——倒流！整个罗田水系都是从东向西流，而黄岗庙的河水却由西向东流。不过你仔细一想，哈！这也是天意。因为它北面有头"狮子"（狮子岩）。狮子尽管凶恶，但它也是自然界的一个物种，也不能让它灭绝呀，上苍通盘考虑，于是乎让黄岗庙的水（往东）流到狮子脚下，解决了狮子的饮水问题，所以才出现河水倒流现象，当然这只是一个有趣的传说而已。

河水倒流其实是好事，给那里的人带来诸多福利。狮子岩脚下那个村——袁家畈，竟成了"掉进米缸里的老鼠"，可谓天赐良机。那里的人喝了这叛逆之水，小伙憨实姑娘俏丽，老年长命百岁。加之有百兽之王守护，妖魔鬼怪逃之夭夭，所以袁家畈百姓健康长寿。而且这水浇灌出来的粮食高产，种出的萝卜个大而甜，可与林家咀的萝卜媲美。

三里畈镇说来也怪，地涌温泉，河水倒流，狮子护佑。既有举世闻名的甜柿，也有奇怪的石头。大自然将这片神奇的土地赐给了三里畈，三里畈人不负所望，已将它刻画入微，塑造出一个又一个精品旅游村。

三里畈不仅旅游有特色，而且是举世闻名的甜柿之乡。三里畈錾字石除甜柿著名之外，这个地方也非同凡响。传说古时有一个憨厚朴实的石匠，还是一个"二杆子"人。虽过而立之年，却仍然是一个人吃饱了全家不饿。他的人际关系还算不错，手艺精湛，能把石头雕刻得惟妙惟肖。因此在方圆十里小有名气。他每天外出时要从塆前的一块巨石旁边经过。这石头下面有一个洞，洞口不到两尺。可巧的是，每次经过总能听到母鸡呵护小鸡的"格格"声。久而久之这"二杆子"想探个究竟，于是便坐在石头后面守株待兔，果不其然见到一只锦鸡带着它的两只小仔出来了，想涉过七道河去官渡河畔找凤凰拜师学艺，这个"二杆子"看到锦鸡顺手捡起石头扔去，"好准呐！"刚好砸中一只小鸡，母鸡带着另一只迅速钻进洞里。石匠跑过去抓起那只奄奄一息的小鸡，不料小鸡顷刻变成一个金锭。正当石匠欣喜之余，洞里的母鸡飞出来在石匠的脚上啄了一口，顿时鲜血直流，疼痛难忍。他只得扛着工具一瘸一拐跑回家，用灶心土止血，但无济于事。邻居替他请来郎中，郎中也无计可施并告诉他，赶快找高明医生，否则性命难保。邻居将他送到一个条件较好诊所治疗三个多月后伤是痊愈了但留下残疾。回到家后石匠将此次花销一算，这年工钱和那个金锭加在一起刚好持平，只是人落下个残疾。

之所以说他是个"二杆子"。他把先前的伤痛忘得一干二净，决心要将石头破开看个究竟。便在那石头上錾了七道眼，就在石头将要破开时，一阵狂风将他卷走了，还飞来一些沙石盖住那些石眼。这石匠不但没有"查"出个子丑寅卯，还搭上一条命，从此锦鸡母子也不见了。那山、那石头仍然是原先的模样。幸喜那只鸡还是给了七道河人的一些赏赐，给那里的人留下一片甜柿树，故后人把石头旁边那块地盘称"錾字石"。

也许是上苍施舍的福利吧，錾字石甜柿天生好吃，橙红色，不需人工脱涩就能吃。而且个大，肉质厚实，味道甜美，含糖量20%，鲜食味道胜过苹果、梨子、蜜橘，也可制作柿饼、柿片、菊花饼。甜柿在罗田果品中属主导产品，是七道河支柱产业。錾字石甜柿本来就无与伦比，再凑上这么神奇的故事，所以那里的人把那村改名叫"錾字石村"，柿子注册为"錾字石甜柿"。

錾字石甜柿最具特色的是杨梅冲有几棵甜柿树，此树结的果实无籽，其中两棵树龄达300多年。抗日战争时期，日本人偷拍此树照片，并将种子带回日本进行繁殖。近年来有人将日本人繁殖后的甜柿树苗，带回国内栽植。结出的甜柿虽然个大但不好吃，口感和味道远不及杨梅冲甜柿。而今，錾字石人也正在努力创建具有特色的美丽乡村。

【毛群益　摄】

今天的三里畈人富了，秀美村庄也比比皆是。三里畈镇是全国重点镇，张家冲村是致富的典范。让我们还是先去看看那别具一格的"VBA"篮球赛吧。"VBA"这个名词还挺新鲜，意思就是"村庄篮球赛"。人们认为美国富裕，然而美国篮球只是一种产业，并不单纯是娱乐，而且也只有各州才有球队。像三里畈镇张家冲这样的"VBA"，在美国恐怕也不容易找到哦。但在罗田农村，类似乒乓球赛、羽毛球赛、广场舞比赛、狮舞比赛、踩高跷比赛、诗歌朗诵比赛等这样高雅、时尚的娱乐活动随处可见。你可以从中领悟出幸福农村的真谛，美丽乡村的内涵。它折射出农民生活水平的高低，离富强近在咫尺。

过去农村就有这么一句话："穷在路边无人问，富在深山有远亲。"这话足以表述张家冲人的家庭现状。一场不起眼的篮球赛居然牵动五个不同级别的领导观看。并不意味着这场球赛的重要和它的魅力，而是人们生活富庶的象征，人富了气场也自然旺起来了。张家冲人富了，所以张家冲的地位也就高起来了。不妨领略一下这冲的风韵吧。

从三里畈大桥往胜利方向前行不到两公里，过一座小桥后沿着一条8米宽水泥大道直往前走，约500米就是一个停车场，让人油然觉得它是一个瑰丽的山冲。四面山色葱茏，小泉溪流，朝南避北。冲前"龟蛇"对峙把守，鸡笼尖、龙泉山在冲后，东南山似狮子戏球，山上城墙门楼依旧。浮翠流丹，人与自然和谐，景色美不胜收。

进冲来到塆前的"金盆洗手"亭，也叫"苍龙井"。这井水嘛，冬天热夏天凉。冲里人外出归来，首先都得在这金盆里洗洗手。所谓"金盆洗手"它寓意：警示人们不做违法乱纪之事。所以张家冲人素质高，个个循规蹈矩遵纪守法。

张家冲古时叫"苍葭冲"，就因为冲里有个苍葭堂。"苍葭"是嫩绿的芦苇丛生之地。不知是哪个朝代将"苍葭冲"改名为张家冲，现已无从考证。不过这张家冲的历史嘛，还有点说头。这个冲乡土文化繁荣，冲里人好读书，历史上曾经出了九个秀才、一个进士。现今博士、硕士生也不下九人，冲里科级以上的干部就有十来个。这冲还保留有清朝时期的正阁苍葭堂，上下两堂之间还有天井，堂两边还有厢房。进苍葭堂的上堂，仿佛仍能够看到当年进士和那些秀才们刻苦攻读的情景。堂上还悬挂着嘉靖甲辰年间"堂新四豆"大匾一块，显示着当年秀才、进士及第之荣。

近年来，张家冲着力整治环境，建设美丽乡村。张家冲地利人和，利用独有的自然条件，由退休干部带头，村组干部自筹，群众捐献，在外务工人员主动资助，国家政策扶持等方式，全面更新村容塆貌。张家冲的宗旨是：打造优美环境，共享碧水蓝天。保留传统、精心规划，解决人畜粪便，家家建沼气池，享受清洁能源，安放垃圾桶，修建下水道，清除污水；建立长效机制拆除乱搭、乱建，做到整齐划一；从硬件入手实现户户门前硬化，出家门可直达三胜旅游公路；建纯净水塔，安装豪华路灯；丰富文化生活，建农民书屋、标准化体育运动场，配置了乒乓球台休闲运动器材以及跳舞厅、休闲活动场等。对十多棵千百岁古树逐一授牌，实现人与自然和谐，目前已将水塘改建成荷花池，将观景台打造成为塆中花园。

今天的张家冲看像一幅画，听像一首歌，已成为花园式塆落。

机械化种田，买卖发微博，吃住讲健康，出行私家车。运动有场地，跳舞听唱歌，老人焕青春，童叟整天乐呵呵！

张家冲村的今天体现了中国政府改善民生、消除贫困的奋斗目标。是啊！共产党执政体恤民情，顺民意，得民心。穷在山沟有人问，共同富裕才是真。黄冈市委书记刘雪荣同志，把张家冲作为自己的扶贫联系点，蹲点农户探究张家冲的穷根，欣赏冲里人的骨气、雄心，为他们寻求脱贫致富的途径。市委领导的到来鼓舞了群众的士气，激发了张家冲人的斗志，要将它打造成旅游名村。

看过美丽乡村，泡过了温泉，玩过了沙雕，品尝了甜柿，导游会带你去登海拔600米高的富居寨。富居寨上别有一番风景，陡峭的山路树木葱茏，上下只有一条山路，一夫当关万夫莫摧。山顶上还有大块平地，水源充沛，周围石砌城墙保存完好。城墙是当年为防土匪、躲避战乱、抵御外来之敌而修建的。七道河东西两侧有两座高山，东面是小寨，西面是富居寨。相传一百四十多年前，时局动荡，土匪猖獗。老百姓背着粮食牵着猪牛进寨躲避，同时还选派一些身强力壮的青年守住寨口。土匪久攻不破便把山包围起来，想把山上的人困死。时间一长山上的几百号人带去的粮食吃光了，又不敢下山，最后终于想出了一个良策：把仅剩的一点大米煮成饭，将猪喂饱之后从山崖上推下去。土匪见到摔死的猪剖开一看，肚子里全都是白米饭。土匪们见状说："看来山上的粮食充足，就连猪吃的都是米饭，更何况人？困不死他们。还是另找别的地方去吧！"土匪放弃了攻山，撤出了七道河。自那以后，人们便把这山称为富猪寨，后来才改称富居寨。

三里畈传奇的景点不止是富居寨，还有梁敬寨、黄道姑尖、金耳岩、今古寺、古龙庵和龙潭峡谷。这些都有着神奇传说，有兴趣的可听导游的介绍之后，再去一睹为快吧。

三里畈镇在展新姿，自2000年以来着力抓小城镇建设，已为投资创业者营造良好的就业环境，为外来人员搭建好创业平台。镇党委、政府一心一意谋发展，本着 "城镇现代化、乡村城镇化、城乡一体化"的理念彻底消除贫困，将三里畈构建成全国一流的休闲旅游强镇！

第八篇　高奏凯歌庆胜利
金凤楼中写诗篇

　　"耶"！年轻人一个时髦的动作，经常将食指和中指叉开成"V"字。这不是指"二"，而是"胜利或成功"的象征。英语和法语victory意思"胜利"，开头第一个字母"V"。意即在斗争或竞赛中打败对方，或事业已达到预定目的。然而，罗田北部一个古老的重镇则以"胜利"命名。1952年底还成立了"胜利县"。

【金巧月　提供】

　　溯端竟尾查阅胜利建县改镇的来由。在互联网上搜索罗田革命斗争史就会知道：1948年6月21日，湖北省第四军分区政委张体学、司令员吴忠诚率部，由麻城进驻屯兵堡。指挥清剿白崇禧部下驻罗田的广西军和湖北省绥靖团长兼罗田自卫大队大队长徐国伟。敌军见势不妙，龟缩在熊家山(因地势较高)。战斗极其惨烈，时任独立二旅手枪队队长、第二连连长廖绍康（河铺镇仙女岩人）为支援张体学部队夺取熊家山阵地，将负隅顽抗的敌人一举歼灭，但自己最后不幸腹部中弹牺牲，时年二十五岁。

　　熊家山战斗，打出了解放军的威风。广西军被全部歼灭，还有徐国伟和两个连长当场被击毙。俘获麻城自卫队队长徐庆南、郑家贤。生俘150余人，缴获百余枪支，多门火炮。此次战斗大获全胜！

　　为了纪念这场战役，1952年8月设立"胜利县"，到1955年7月22日撤销胜利县，归并于罗田县。

　　胜利紧靠麻城、金寨，东面是薄刀峰。早年为防贼寇进犯，驻兵设铺（堡）于此，原名滕家堡，又名屯兵堡、屯兵铺。地理环境决定了滕家堡是兵家要冲。因此，才称它屯兵堡，滕家堡始建于明嘉靖二十二年（1543年）。

　　"屯兵"顾名思义，离不开战争。自从嘉靖年间之后，到胜利设县之前，这屯兵铺就一直没有消停过。从咸丰十一年（1861）起，太平军就在滕家堡驻兵。到民国初1914年正月十八，河南农民义军首领白朗举旗抗袁（袁世凯）。白朗一路且战且走，退到松子关后，在屯兵堡驻守。1918年北洋军阀吴佩孚旗下的李老木无恶不作，经铜锣关来屯兵堡抢劫商户，杀戮无辜的百姓。

　　到大革命时期（1925年），胜利似乎发生了转机。中共领导人李梯云同肖方等一起，在屯兵堡建立了"中共滕家堡支部"、"农民协会"，开始了反蒋、反军阀大革命运动。点燃了革命火种，百姓看到了一丝曙光。

　　1926年8月中旬，李梯云接受中国共产党湖北区执行委员会董必武的指示，在"金凤楼"设立罗田县的第一个共产党组织——中共罗田支部，传播革命火种。在他领导下成立了妇女协会、工会。组建了罗田第一支农民武装——滕家堡农民自卫军。时年九月，成立了罗田县农民协会，肖方任委员长。以肖家坳为首，先后建立了十余个党支部，同时还建立了农民协会。

　　1926年12月，在武圣宫成立了中共罗田县委，李梯云任书记。县委在农民运动中，起到了中流砥柱的作用。1927年5月，全县共建立了12个区农协会。农会会员发展到3万多人。农民运动兴起后，开展了打倒土豪分田地，破除封建迷信活动。

1927年大革命失败后，李梯云、肖方等共产党员，在商南山区创建革命根据地。滕家堡革命斗争一直是风起云涌。新四军五师派员组建的罗麻支队、中共黄冈中心县委派遣的手枪队、中共罗田县委所属的武工队，均以金凤楼为秘密据点，一直坚持战斗。次年立夏，发动"商南起义"，创建了中国工农红军第十一军三十二师，李梯云任三十二师党委书记，1930年改编为中国工农红军第十三师。

1927年5月29日，滕家堡区域的土豪劣绅，发起反革命暴乱。6月中旬，夏斗寅叛军进犯罗田县城。至此，罗田区域大革命运动失败。党组织负责人李梯云、肖方等转移，继续从事革命活动。土地革命中期，红十一军三十二师，红一军、红四军、红二十八军一直在滕家堡一带迂回。1930年12月，红一军军长许继慎、副军长徐向前还在此发出了《告罗田滕家堡群众书》，鼓舞了胜利人斗志，巩固了革命根据地。胜利人积极配合红军投入抗日运动，赢得了抗日战争胜利。

滕家堡既是罗田区域革命策源地，也是鄂豫皖革命根据地。胜利在鄂豫皖革命史上写下了光辉的一页。兵团副司令文建武（1911-1951年），出生在滕家堡一个贫苦农民家庭。1929年在家乡参加革命暴动，次年参加中国工农红军。历任师参谋主任、红四方面军总兵站部长、旅政治委员、地委书记、纵队司令员、军区副司令员、兵团副司令员等职。曾参加鄂豫皖苏区历次反"围剿"活动、二万五千里长征。参与百团大战、中原突围、淮海战役等革命活动。指挥新中国成立前夕河南的剿匪斗争，他为中国革命的胜利做出了卓越贡献。

胜利是罗田第一个党支部，第一个团支部，第一支农民自卫军的诞生之地。在那片硝烟弥漫的土地上，留下老一辈革命家刘伯承、邓小平、许继慎、徐向前、王树声、杜义德、皮定均等党的高级军事将领的足迹。这些共和国元勋，曾经在这块土地上与日寇、国民党反动派浴血奋战，立下了不可磨灭的丰功伟绩。

1947年秋鄂豫军区司令王树声，亲临滕家堡指挥剿匪，协助刘邓大军南下。6月30日刘伯承司令员，邓小平政委率领大军千里跃进大别山，从此吹响了战斗的号角，为解放全中国夯实了基础。刘、邓遵照党中央毛主席指示，率领晋冀鲁豫野战军主力一、二、六纵队，共十一万多人，向南插入敌后。同年9月4日进入屯兵堡，刘、邓大军第六纵队司令部，就设在"金凤楼"。

刘、邓大军解放了罗田北部地区。第三天攻下了罗田县城。为巩固大别山根据地，刘、邓首长随后在石桥铺叶氏祠，召开了六纵团以上干部大会。会议由邓小平政委主持。邓小平论述了大别山革命斗争的形势和任务。

1947年8月鄂豫第四军分区司令员张体学、政委李友九，率部在滕家堡与国民党军残部展开了激战。这次战斗中，歼灭敌正规军两个连，击溃敌自卫队七个中队，毙俘敌人百余人，我军指战员数十人英勇牺牲。

从抗日战争到解放战争，滕家堡群众无不热情支持。滕家堡人也为革命立下了汗马功劳。红二十八军战略转移时，留下37名伤病员。他们将37名伤病员，安置在山高林密的五塆、六塆、麻栗坪一带。周先训、黄炳珊、周厚松等，除为红军提供情报之外，精心照料、掩护伤病员，躲过了国民党自卫队的多次搜捕。这批伤病员不久康复归队，一个不少地加入了战场。板桥妇女为部队，赶做军鞋3000多双，为部队筹大米两万多斤，大布40多匹，食油500多斤，诠释了军民之间血浓如水的关系。

滕家堡一次次取得革命斗争的胜利，离不开那座古老的金凤楼。金凤楼虽然饱经战乱，但它记载了革命先烈们的殊勋茂绩。它是抗日战争和解放战争的指挥所，它是罗田区域大革命时期的策源地。

不要小瞧这金凤楼！它在历史的长河里，具有极强的生命力。太平天国英王陈玉成、燕王秦日纲在此设过帐，被国民党第五战区司令长官李宗仁立为指挥部。

【金巧月　提供】

　　金凤楼极富传奇色彩。不过它的来历也众说纷纭。金凤楼又称大庙，属明代建筑。相传南宋末年金人肆虐，大兵之后，滕家堡天花流行死人无数。这时一位神医将病人的天花伤疤取去制成疫苗，种在人身上，增强免疫力，并借端阳节这天有天神下凡的传闻，驱逐瘟神之说，打扫卫生，烧香纸、"打醋坛"。故后人称神医为"天花老爷"。并为其建庙，塑了三只眼的像，置于庙内供奉。在大庙落成时，有凤凰来仪，而名"金凤楼"。同时还修建行宫（又名仁寿宫，今电影院处）和万年台。

　　也有人说是：一位安徽富豪之女，嫁屯兵堡一位商人，她将陪嫁的一对大金凤钗卖掉，建起此楼，故名"金凤楼"。清咸丰年间被毁，同治十二年（公元1873年）知县管怡葵募捐重建。一进数重中有天井，穿花木隔上，配有精美图画颇为壮观。门头镶嵌的"金凤楼"石额，是清代进士翰林院编修李力琼手迹。

【金巧月　提供】

　　金凤楼一楼二说，更给它增添了神秘的色彩。那时的金凤楼，正厅内光线昏暗，但微弱的梓油灯仍在闪烁。先烈们为革命呕心沥血，通宵达旦。进楼首先映入眼帘的是一尊大肚弥勒佛。无论血雨风霜它总是笑迎天下客，并亲眼见证了共产党人生死不屈的精神。金凤楼内木鱼声声，香烛缭绕，僧人诵经。昨日的一切一切，在佛家面前都成了过往烟云。如今这金凤楼成了胜利的镇地之魂。是罗田唯一能反映那段光辉历史的文化古迹。金凤楼建立第一个党支部，已载入革命史册，它已成胜利镇红色旅游圣地。今天胜利镇真是金凤展翅，金凤满楼！

胜利镇为历代军事要塞和商贸重地,胜利镇是历史文化积淀的一厢厚土，也是红色旅游胜地。镇内著名古迹景点，明清老街、万年台遗址、滕家堡革命烈士纪念碑、熊家山革命烈士墓、肖方烈士故居，这些均被县、市列入重点文物保护单位。

传奇名胜有脱甲岭、松子关、洗儿岭、千工堰、九龙参顶。固基河边泗洲山高峻挺拔，气势磅礴。古人曾形容：此地有崇山峻岭，茂林修竹；又有清流激湍，映带左右。据说泗洲山庙内一金钹非常神奇：每逢正月十五固基河边的一店铺内如有声响，山上庙内就能听见。原因就出自那个奇怪的金钹。自古至今仍是一个解不开的谜。

泗洲山顶有一巨石横卧，像一尊狮子啸天。当年李宗仁部下第七军军长张淦，在这巨石上亲自刻下"炮轰倭寇，笑看乾坤"八个大字。张淦后任国民党第三兵团司令，1944年12月被解放军俘虏。而那八个大字，至今仍然留在庙外石头上。记载了中华民族饱经战乱的历史

胜利镇是罗田古文化发祥地。传说昔日落梅河梅花坳的陡峭山岩石上有两株梅树，梅花飘落入河中。有文人骚客过此赋诗题咏，后称此河为"落梅河"。落梅河畔有明嘉靖年间千家共建的"千家堰"遗址。当年河两岸人为了解决排水灌溉。上千家出资修筑排水堰，被称"千工堰"问题，千工堰是湖北水利设施遗存中，继崇阳河田官堰之后，又一重大发现。明代修建至今仍在发挥作用，被湖北省列入水利史上的古代文化遗产。

胜利古文化遗产保存完好，在罗田首屈一指，奇葩的老街有一千多年的历史，全长800多米，街宽约3米，街房大多系砖石木结构，分别称为一甲

街、二甲街、三甲街和四甲街。两侧房屋多为明清建造，它们的共同之处，全都是徽式风格，马头山墙共壁连体，配以东西朝向，造型别致、巧夺天工的"金凤楼"便在于此。这些中华民族建筑的艺术瑰宝彰显胜利的历史文化情怀，折射出时代的精神风貌与审美情趣。

【金巧月　提供】

　　雕梁绣户的闫家塆老宅有近三百年历史。它显示闫氏显赫的家族。一进去五重粉墙黛瓦，是罗田仅存的徽派民宅。建筑勾勒出浪漫的格调与庄重的气质，体现出风水意愿和地域美饰倾向。宅内回廊绮阁，缠绕盘桓有似迷宫一般。门头上四个"门当"，见证闫氏家族当年烜赫一时。尤有那条约50公分宽的小巷让大腹便便者望而却步，身躯娇小者来去自如。游览闫宅之后，给人留下几分温馨的遐想。

　　游过了古建筑，再去陈家山戏园放松身心。看陈家山的东腔戏、参与映山红业余舞蹈、观看叶家山民俗艺术表演，艺术团队活跃在社区、乡村。胜利非物质文化遗产独具一格，毛家宕"毛氏皮影戏班"被市选送芬兰进行文化艺术交流。闫家畈楚剧团，唱出山区走向江汉平原。胜利镇不愧为黄冈市文化先进镇、湖北省民间戏曲之乡。

　　胜利红色旅游推动绿色发展。它交通便畅，是鄂豫皖二级交通必经之地。罗（田）胜（利）百里风情长廊，正在向四方延伸。往东可直上4A景区薄刀峰、天堂寨。往西至麻城木子店，上麻阳高速。巴水源头百里长河从镇中流过，河上架起了三座大桥。新建"一街二区二园"：一街即步行街；二区即镇南商贸区和洪家垸小区；二园即烈士陵园和河滨公园。镇内市场繁荣、经济活跃，高楼林立。目前正争创5A级旅游景区，使之成为名副其实的红色旅游重点镇。到胜利旅游你会以喜悦的心情而来，恋恋不舍之情而去！

听过了胜利革命斗争故事，看过了金凤楼，漫游了老街。让我们将镜头调转180度，改变一下思绪，变换一种口味。听听两则关于"王八"的故事来解解乏吧。胜利东街铁林坳下纸棚河，有一个神奇的传说，当地七十岁以上的老人几乎人人知晓。一位古稀老人，讲得有板有眼：话说当年有位挑盐的贩子到安徽挑盐，盐店老板问其何方人氏，盐贩说是纸棚河人。店老板听说是老乡，热情款待并留住三天。临走时店老板说："盐，你要挑几多，就几多。但必须帮我带封家书。"盐贩问："那交给谁？"老板说："你到纸棚河边，站在石头上朝北大喊三声园先生，有人来取。"盐贩到家后按店老板交代，立马跑到河边站在石头上朝北喊了三声"园先生"。果不其然，一个白须老人来到面前说："那就是我啊，何事？"盐贩说这有你的一封家书。

老人高兴地带盐贩从水中进屋，但鞋子和衣服不湿。进到厅堂盐贩心里猛地"咯噔"一下。见梁上一个铁钩钩住自家表兄的后背。为了不招惹麻烦，盐贩想暂不惊动对方，显得若无其事。过了良久便问他怎么把人吊在梁上。老人说他害死了我很多很多弟子。老人好生招待盐贩并留住一宿。双方关系逐渐融洽。盐贩问能不能放他一马，老人说那不行。盐贩苦苦哀求说："看在我的面子上放了他，我担保，保证下不违例。"老人挨不过面子，终于把他放了。第二天盐贩回家问内人表兄近况如何，老婆答不怎么样。于是盐贩赶紧去了表兄家，见他背上长了一个大包。表兄说："弟呀，我差点痛死了，这不从昨天起才不痛。"盐贩说："从今以后你再不能捉脚鱼，否则你性命难保！"

这虽说是神话，但它申饬世人要维护生态平衡，猎取资源应适可而止，不要与大自然为敌。尽管鳖肉味道鲜美、营养丰富，还是一种滋补品，餐桌上的美味佳肴，有清热养阴，平肝熄风的作用。但甲鱼在2000年被国家林业部列入有科学研究价值的陆生野生动物名录，属保护动物。

洪家坳一个山上有一个石头酷似甲鱼，它头伸向麻城，身子在罗田。而且上下两块石头中间还有两个小石头可以转动。从前胜利年年粮食收成好，麻城则不尽人意。于是有人打趣说，是那脚鱼吃了麻城的粮食，把屎拉在罗田，肥了罗田。传说在二十世纪五十年代的一天，麻城来了两个石匠，将甲鱼翘起的鼻子尖削掉了。说也奇怪，两个石匠还没到家半路上就死了。世间有很多说不清、道不白离奇的自然现象。只要它对人类不产生危害，应顺其自然与之和谐相处。

这些神话、寓言演绎出胜利的历史情怀。地处两省、两县交界的松子关，高523米。据王葆心考证，春秋战国时九资河立鸠兹古国后，战国中后期，吴起与女将苏丹娘娘大战此关。有关上生子，脱甲，洗儿神话流传至今。西汉初在此设松滋县建关，故有松子关之说。《光绪罗田县志》称"罗田东北，山蛮耸削，逶迤绵亘，重关叠险，划然与皖、豫分疆，实楚东北之门户，而关隘之险，则以西北之松子关为最。"咸丰十一年（1861年）2月，太平天国英王陈玉成联合捻军首领龚德树与清兵、民团酣战数日。现尚有关门残垣。

王葆心考证，南宋末由六安曹平章、程纶抗元兵败。曹与夫人英氏，所奉之宋王子忧愤死。王妃有孕，曹为延宋王后裔，亲自护送王妃逃入松子关，并脱甲化装，王妃于洗儿岭处生子，洗儿于塘。王妃产后旋死，太子匝月夭亡。曹平章埋葬太子后自刎殉难。故才有松子关、洗儿岭、脱甲岭之说。这虽说是民间趣谈，但它造就了胜利独特的地域文化。

胜利的铜锣关是罗田的八景之一。它位于黄狮寨西侧，东为献旗岭，南北分属两省，各建石级攀登，当年守望以铜锣相呼应，故名铜锣关。嘉靖年间罗田训导，宁海石彬题咏：

> 万仞苍崖倚碧空，天然写就玉芙蓉。
>
> 古今特立谁知己，秀出风尘此道同。

胜利无愧于国家评定的重点镇。镇党委、政府围绕红色旅游引领绿色发展，使胜利镇集历史文化、名胜古迹于一体。尤有烈士陵园，是很好的爱国主义教育基地。它能让生者慰藉、逝者安息！有令人大开眼界的九龙参顶、野菊坳等景点，金黄色野菊香飘松子关内外。上幸福山看"罗浮山寺"，顿觉返璞归真，意境如同天人合一。同时到胜利能沐浴浓浓的乡情：聆听小伙唱动听的山歌、看姑娘跳采茶舞、赏老人唱皮影。喝老米酒、品吊锅、吃火烧粑。亲身体验"老米酒，笾子火，除了神仙就是我"这耐人寻求的滋味。胜利镇有看不够靓丽风景，而且生态投资更诱人。胜利已敞开双臂欢迎客人和投资者光临！

　　胜利从大革命到抗日战争，从抗日战争到解放战争，胜利建县烽火涅槃，又从建镇到改革开放。今天，又被评为全国重点镇，胜利镇一步步从胜利走向辉煌。胜利人正高歌猛进，乘风破浪，将从辉煌走向富强！

第九篇　妙手回春万密斋
进士出自画廊边

百里生态画廊中段的那条河，太神奇了啊！全长二十多公里，可别小看这条河。其一，称呼就有两个，而且均含有典故和来历。它本来叫汤河（顾名思义热河），因为河上游出了六名进士，结果当地人易名，统称进士河。其二，传说姜太公曾驾舟神游此河，现有"太公船（石）"为证。其三，明代大医学家万密斋就出生在这河畔。

这河上有座铁索桥。罗田还有句歇后语"出城十五里——'高妙'"，桥位于高庙村，顺义水河上溯十五里即到。一座铁索桥横跨河的两端，由7根3cm粗的钢索牵引于河两岸。上面2根，下面5根，再铺上200多块钢

【大河岸政府江毅　提供】

板连接组成。它始建于1988年中秋，全长120米。走在桥上晃晃悠悠，胆小者过桥战战兢兢。有胆大的人骑摩托车穿桥而行。桥悬挂于绿水青山之间，桥下清波浩荡，鱼虾浅戏，四周青山掩映。桥上护栏索系满了迎风飘扬的红丝带，挂满了情侣们留下的象征"情定终身"的连心锁。2014年4月25日上午，国内首部"打拐"题材电影《失孤》中，乡村父亲的扮演者刘德华，亲自驾

驶摩托车在铁索桥上飞驰而过。这铁索桥既是便利沿河两岸群众出行生活的通道，又能唤起人们回忆当年红军"大渡桥横铁索寒"的壮丽场景。加上名人添彩，因此名声鹊起，引来不少游人光临。

顺河往上走过大河岸来到汤河。汤河因为河畔有个温泉，水常年是热的而得名。清朝以前河上游出了不少进士，于是便将河改了名。这河中有一处地形似钟鼓，当地人称"钟鼓滩"。一位知名人士闻先生将这里的地形地貌、人文景色组成一副对联：

> 大河岸边，大河奔流，见证古今六朝事；
>
> 钟鼓滩头，钟鼓长鸣，历经上下五千年。

说也奇怪，汤河的热蒸汽一下云飞上下十来里。不知啥原因河两岸成了罗田诗书礼仪之乡、凤集鸾翔之地。历史上有1名兵部尚书、4名御史、6名部主事，还有巡府、知府、知州、知县等官员近百人。明清两代科举考试中出了1名翰林、6位进士、16名举人（其中武举人3名），光贡生就有75名，还有古楼冲村

【大河岸政府江毅　提供】

晚清学者王葆心，原国家副主席董必武称他是"楚国一宝"。

大河岸可谓是钟灵毓秀之乡，除明清科举考试优胜者外，还出了神医万密斋，民国时还有个县长王延烈。中华人民共和国成立至今，硕士、博士、研究生及留学生不下百人。进士河成了罗田有名的文化之河、书香之河。天时、地利、人和是辩证统一体，大河岸位于百里生态画廊中段，山清水秀、田连阡陌。这里名人辈出，那些进士又都出自画廊的旁边，自然会吸引人们去探究。追根溯源恐怕是沾了"汤"的灵气。因而敬羡者把这汤泉说是"聪

明泉"，加之上河游出了六名进士，人们便以进士来命名"进士河"。

茧庐主人有句名言："但得仙人钟灵气，不羡早春二月花"，大河岸出名人名医才子。进士河两岸读书出人才，名人数为全县之最，都说那是因为姜子牙来进士河钓鱼，带给河两岸智慧和仙气！话说昔日姜子牙脚踩一叶小舟来到进士河，一来四处寻妖除孽，拯救苍生；二来经营他的钓鱼行当，维系其雅兴。小舟停在"弹弓尖"，现在仍然能看到算卦石和那条小舟。

后来老年人也叫它"洋船"。不过船比它大，它长不到四米，宽不足两米，两头翘，中间平，西头略高出十公分；左舷往山上倾，形似一只前行的小船。要知道姜子牙精通天文、地理、八卦，从来就是天马行空、独往独来。神出仙来，假如乘大船招摇过市，则逃不过申公豹和苏妲己的"法眼"，因此不得不脚踏小舟云游轻便。至今流传着姜太公钓鱼不用鱼饵而且是用直钩的故事，"姜太公钓鱼愿者上钩"，这就是他的绝妙之处啊！

人们只知道《封神榜》里姜子牙是主角，却不知道这位西周的开国元勋其人。姜子牙别号飞熊，名尚亦名望，吕氏，也称吕尚，字子牙，或单呼牙。生于公元前1156年，死于公元前1017年，寿至139岁。先后辅佐了六位君王，因是齐国始祖而称"太公望"，俗称姜太公。东海海滨人（现在河南许昌），另一说法是安徽临泉人。他是开国君主、缔造者、首席军师、齐文化的创始人和军事家，有"百家宗师"封号。因为他的船小又隐匿在弹弓尖的深山之中，很难被人发现。只有山下的老年人才晓得，年轻人从不上山，因此山下人管叫它"太公石""太公船"，还有的说叫"洋船"。几千年来这"太公船（石）"成为冠山之魂，镇河之宝。它护佑着大别山麓儿女福寿绵绵，启迪了进士河两岸子孙的聪明才智，甚为之贵。当然这是传说，不过反映了河两岸人民的淳朴、智慧和期许。"仙"是没有的，可"一方水土养一方人"的道理是存在的啊！

列位，骑驴一路走来，唱本没看两页，不知不觉就到了弹弓尖。话说当年一位县长在枫树塆村后的山顶上用弹弓射蟒，所以那山才称"弹弓尖"。

于是乎，弹弓尖与李蟒岩就结下了不解之缘。这山下一位古稀老人讲了一个故事：从前弹弓尖顶有座"枉生庙"，妇女受冤屈到庙里祷告，奇怪的是都有去无回，其实是被巨蟒吞吃了。

崇祯年间知县白乃忠，他年纪很轻，有一身武功。白知县听说求神者有去无回，决定探个水落石出，便藏身于庙中至半夜子时。忽见天空有怪物似一缕白布迎风飘来。白知县便用弹弓朝其方向射去，正好射中蟒的一只眼睛。到天亮顺着血迹寻到李蟒岩，见一石洞旁边有血。白知县晓得蟒蛇一定躲在洞里，于是便叫人往洞里倒石灰，石灰填满之后再往洞里注水。石灰见水立即膨胀，蟒蛇本来一只眼睛被射瞎了，加上石灰一烧，就烧死了，白知县为民除了一害。后来进洞查看，发现洞里遗留的金银首饰足足有两箩筐。县长铲除了祸根感动了乡民，乡民为铭记县长为民除害，便把"万全寨"改名为"李蟒岩"。另则说法是蟒蛇躲在岩洞里，此山于是叫"李蟒岩"，也符合情理。至于民间讹传李蟒岩，说是唐朝德宗宰相李泌来过此山，并搏杀巨蟒，故称李泌岩云云，实属牵强，岂有人蟒搏斗之理，天方夜谭不足为信。当然，如果你认为属实，自己去琢磨，罢了！

"医圣长眠仙舟外，弹弓尖下芍药红"。医圣万密斋就安葬在"弹弓尖"山下。人们缅怀医圣，在他长眠的地方栽种上百亩名贵药材——芍药。每逢花开季节，一片花海，蜂飞蝶舞甚是好看。赏花自然会想到医圣万密斋，而且对面的石井头村更是个好地方。古时那里有条小街，店头边的田畈中有一口龙井，井很深，水清澈见底，井水冬暖夏凉。奇怪的是，井中总能看到一朵葵花。史书记载："石井葵花"，属罗田奇景之一。

万密斋原本是个廪生，何谓廪生？即州、府、县按时发给生活费的人员。因科场考试不得志，也因为他家世代以"医药济世"，有深厚的医学底蕴，因此才选择不走官场而决心学医。他刻苦钻研，勤于总结临床经验，以至于他的医学造诣博大精深。

万密斋是大河岸人，所以罗田有个医院用它命名——万密斋医院。两位德高望重的老中医提到万密斋兴趣盎然，同出一词，讲了一段趣闻：万密斋儿时读书聪明过人，年轻时家里很穷，但运气不佳，帮人诊病，小病诊成大病，在当地从医混不下去了，生活艰难，过年连米都混不到。尽管有一肚子诗书、精湛的医术却得不到当地人认可。一天晚上他做了一个梦，梦见蜘蛛丝缠住了他的嘴。他醒来心想这下完了，恐怕连饭都吃不成了。第二天他便跟内人说起头天晚上做的梦，内人安慰他说：那是个好梦，你要到湖口县去谋生定能发达。其实他老婆也不知道有没有湖口县，位于何处，信口开河而已。他将信将疑，带着试探的心理，背着干粮去找湖口县（即九江市江西省九江市地处湖北、安徽、江西三省交界处）。走了好多天仍然没有找到。一日他发现一群人抬着一口白木棺材，棺材底下还滴着血，便拢去叫抬棺人赶快停下来。他将手指伸到棺材底下一摸，看到的是鲜血，说这人有救。抬棺的人疑惑地放下棺材，开棺一看，里面躺的是位孕妇，而且手足未凉，万密斋断定孕妇假死。于是给予针刺治疗，顷刻一个白胖的男娃落地，产妇复苏，他救活了两条人命。其家人惊喜万分，当地便流传万医有起死回生之术。他问这里是什么地方，那些人说是湖口县。

在湖口县邻近的江州，有个姓万的员外，女儿得了一怪病，总是喊肚子疼。听说万密斋医术高明，便用轿子请到府里。员外想，一来与自己同姓，二来怀疑这年轻小伙的学问。在堂前一边用茶，员外旁敲侧击试探万密斋，指着堂前灯笼："灯笼笼灯，纸（枳）壳原来只防风。"万密斋知道主人试探他，看到堂屋一架鼓便说："鼓架架鼓，陈皮不能敲半下（夏）。"嗨！主人觉得这后生还有两下子。便设宴款待，刚一落座主人说："先生行医，不论生地熟地。"万密斋答："主人请客，哪管木香藿香。"用餐过后万密斋看过小女孩说："此女虫疾。"主人说凡是看过的郎中都说有虫，万密斋说那是因为药量不够。于是万密斋给她做了两副丸药。虫子打下来了，没多久女孩长得出水芙蓉。员外感激地说："天外有天，人上有人，您真是神医啊！"

自此万密斋在当地名声大振，消息传到京城，皇帝极为赏识，把他当作御医。一次皇帝的爱妃偶感风寒，皇帝有意试探万密斋医术，命太监把他请进内宫。安排停当之后，皇帝将妃子留在里屋。当然皇帝的妃子不是常人能见的。万密斋坐在堂前，皇帝用根金丝蓝线拴在一只小猫脚上，让万密斋隔屋把脉。约莫一盏茶的功夫，皇帝问："爱妃的病情怎么样？"万密斋回答："启禀皇上，怎么是兽脉啊？"皇帝顿时竟脱口而出："你真是医圣啊！"

他尤精于切脉、望色，亦能明辨疑难病症，特别是对儿、妇、内科杂症有精深的造诣。他从不主张滥吃药，以预防为主，颇有鲜见。对妇科阐明生理、病理以培补气血、调理脾胃，在中医妇科史上属精辟的论著。他发明的"万氏牛清心丸"至今仍是治小儿惊风的良药。

探知万密斋医术为何高明，传说或许是喝了进士河水，得益于姜太公指点迷津吧。不妨举些放之四海而皆准的医学著作，看过学会也能成为一名家庭医生。《万氏儿科》和《西江月·观形察色》，是儿科治疗的经典著作。如偶遇小孩不适，可仔细诵读和品味两部经典作品：

青筋肝热生风，两腮红赤热相攻，黄色脾虚取用。

黑色腹痛中恶，白为痹瘻生虫。如逢两目赤重重，此是南柯一梦……要辨小儿死症，囟门陷下成坑。喉中拽锯气和痰，目闭无神拘管。口唇牙龈粉白，手足恰似冰寒。鸦声口紧眼常翻，不乳遗尿闷乱。（摘自闫志《罗田文选》。）

万密斋（1499—1582年），字事，名全，生于明弘治元年，卒于明万历十年（1582年）。经常在鄂、豫、皖、赣等地行医。他写的诊断书言简意明，所开药方药少而疗效好，据说还创造了不少起死还阳的奇迹，因而被称为神医。这位神医一生不知挽救了多少条人命，最后还给后人谱写了一首《辨症歌》。

当今社会与医圣所处的年代相比，则是天壤之别啊！然而他活到91岁，给后人树立了长寿的榜样。据统计我国目前的人均寿命只有74岁。万密斋的长寿秘诀和养生之道："只要不思声色，不思胜负，不思得失，不思荣辱，心无烦恼，形无老倦，而兼之以导引，助之以服饵，未有不长生者也。服饵之物，谷肉菜果为上，草木次之，金石为下。盖金石功速而易生疾，不可轻尔，恐毒发难制也"。方士惑人，自古有之。如秦始皇遣人入海，求不死之药；汉帝刻意求仙，至以爱女妻之，此可谓颠倒之极，末年乃悔悟曰："天下岂有仙人？惟节食服药，差可少病而已。"此论甚确。刘潜夫诗云："但闻方士腾空去，不见童男入海回。无药能令炎帝在，有人曾笑老聃来。"（摘自《罗田文选》）

他晚年著书立说，《万氏儿科》《万氏妇科》成为我国医学国粹，至今中医仍在应用。这位老人不仅给医学界留下了宝贵的财富，而且告诫后人如何养生，足见其伟大之处。他治学严谨，医德高尚，行医五十年之久，被国家中医管理局列为明清时期三十位著名的医学家之一。由于万密斋的盛名，罗田万密斋医院传承、研究并发展了万医的医德、医风和医术。如今万密斋医院可与县人民医院并驾齐驱了！

大河岸这地方风景秀丽。春天广阔的田野里开满了黄色的油菜花；秋天一片片黄澄澄的田野，像是在大地上铺了一层厚厚的黄色被毯，微风吹来，沉甸甸的稻穗此起彼伏，有节奏地掀起波澜，栗香、稻熟兆丰年！

大河岸是罗田粮食主产区。这冷热河水浇灌出来的粮食独特之处是产量高，营养价值也很高。花银岩村的"贡

【大河岸政府江毅　提供】

米"也叫"皇帝谷"，在清朝就蜚声省内外。说这贡米的历史，清朝咸丰皇帝吃过此米后觉得味道鲜美，御赐为"贡米"。一时间花银岩的贡米由朝廷包干，从此大河岸的贡米享誉京城。花银岩村位于大河岸镇西北的高山之巅。这里山高林密、气温极低，病虫害少，基本不使用农药。一片小田冲，每丘田面积不大，两旁高岸陡堑，一年四季日照短，灌溉的水都是从崖石缝里流出的冷沁水。稻谷叶子红色，分蘖率低，产量自然也就低。它的生长期大约有六个多月，年年四月插秧十月收割，这就是"贡米"的独特之处。物以稀为贵，因花银岩"贡米"糯性强、呈红色，煮出来的粥和饭，香味特别浓，不用夹菜也能吃上两碗，而且营养极其丰富，深受食客的喜爱。随着"贡米"名气的扩大，还经常有人开着车子来这偏僻的山村购买。

花银岩村属贫困村，县政府把它作为精准扶贫对象，将"贡米"的价值重新给予定位：扩大种植规模打造"贡米"品牌。俗话说"身在宝山不识宝，别人当作灵芝草"。花银岩人终于将这"宝"请出了"闺房"，走向了大市场。

大河岸是罗田的"山水园林之镇"，山庄农舍掩映在翠竹青山、秀水扬波之间。唯有那条古老的进士河，千百年来进士河水静静地流淌着。这汤河之名逐渐成为历史。河水浇灌上万亩沃野良田，养育着沿河两岸人民。它泛出的是聪明泉、智慧泉、幸福泉。进士河带给大河岸丰厚的回报，如今的进士河热力非凡，魅力无穷，被誉为"华中森林第一漂"，已列入湖北六大漂流地之一！

进士河是漂流难得的好地方，它与九影瀑布相比有过之而无不及。游客悠闲

【大河岸政府江毅　提供】

地驾驶橡皮艇，顺着山明水秀的溪流，在险滩水急、跌宕起伏中漂荡。沐浴着和煦阳光，青山绿水、蓝天白云，与大自然搏击，给你带来的是期待、惊险、刺激！感受到有惊无险的轻松和魅力，你会忘掉工作中的艰辛、生活中的郁闷。进士河漂流全长只有6公里，激流险滩就有35处，最大一处落差17.9米，由于河道落差大、落差陡，很多地点接近于垂直。游客既有穿越峡谷的激情感，又能在安静时欣赏峡岸风光的诗情画意，尽情享受激流豪放和山水情趣。上游的东安河水库，它为漂流提供了永不枯竭的水源，也在山洪到来时提供安全保障。两岸青山苍翠，多悬崖峭壁，藤枝盘根错节，溪中浪花飞溅，河道延伸到峡谷坚硬的石板上。水转山回，人随水动，缓急有度，美不胜收。

山川凝浩气，物华启人文。大河岸地处百里生态画廊中段，山川秀美、物产丰富、人杰地灵。人们讴歌大河岸人文、奇景、时代的精英和那座瑰丽小镇：

> 医圣卧仙舟，英才冠源头，
>
> 云蒸漂小镇，人在画中游。

这诗抒发了大河岸的古今魅力。这诗颂扬进士河水育精英，河边出翰林，山中有仙景。难怪县城的人们羡慕这块宝地，这才是他们迁移到大河岸落户定居的真正原因。

第十篇　乱石窠有石祖先
育人摇篮三解元

　　"奇"字在汉语字典里，含义是罕见、特殊。它左边再加一个偏旁"山"，读音不变"崎"，形容山路险阻不平，隐含道路崎岖、经丘之地寥若晨星之意。而"大"字，指面积大而广。大和崎连在一起"大崎"说明山多而且面积大，更显得稀奇。可见给"大崎"起名的那位先人文学造诣登峰造极。然而大崎最奇的还是那块稀世之宝"古陆核"，它算得上凤毛麟角，世间少有。这就是它的奇之所在，令人刮目相看！

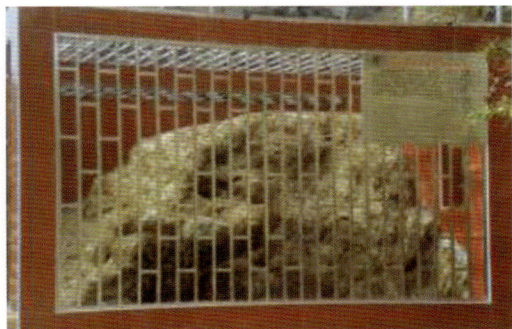

　　位于黄土岭小学院内的麻粒岩相"紫苏石榴黑云片麻岩"距今28亿年，属典型的下地壳岩石，是大别山最古老的古陆核岩石，石头中的瑰宝奇葩，堪称大别山岩石的祖先。大崎不光岩石古老，而且它的历史也很悠久。据考证新石器时代，就有人类在大崎繁衍生息，熊家墩发现有新石器时代遗址，因此可别小瞧了大崎啊！

　　大崎镇有座著名的高山——大崎山，它是大崎镇的"注册商标"。大崎山重岩叠嶂、雄奇峻美、勾魂摄魄，所以后人用它作镇名寓意深刻。当然还有小崎山、平头岭、天马山、蕙兰山和乱石窠。大崎人以大崎山为荣，主峰龙王顶海拔1040.5米，山体呈东西走向，东南横卧小崎山、祷雨山；西北屹立接天山。大崎山古时隶属黄州府永宁乡。现今的大崎镇属当年永宁乡所涵盖的区域之一。《黄州府志》

【何执林　摄】

载大崎山"远自麻城龟峰，蜿蜒盘状，至此突然高举，山势绝崖，甲于一郡"。光胜景级景点就有几十处：龙王寺、真武观、飞来石、一线天、桃花溪等，素有鄂东"泰山"之称。叠翠的大崎山在明代弘治年间（1488年），就被誉为八景之一。明代黄冈知县茅瑞徽登大崎山诗曰：

崎山高不极，半岭看云低。

乱石分排戟，飞梁回作梯。

天风传远梵，人籁出烟溪。

直拟扪萝上，跻攀境屡迷。

游览大崎山，导游会滔滔不绝地讲龙王井、百丈岩、睡仙石、巨人石、莲花石、九龙石等典故。如果想测试自己的心境，不妨到"试心石"一见分晓。大崎山是大崎镇的"晴雨表"，欲知当天的天气情况，看看大崎山就知道："大崎山戴了帽，泉华山坐了轿，有雨在今朝……"

大崎山和小崎山是一对孪生姐妹，都有着天山共色、连碧青山之妩媚。而且山高林密，苍翠欲滴。大崎一位诗人赞美家乡姊妹山：

叠嶂层峦半入云，千年古寨老林深，

泉达海，草还魂，黄沙绿苇主峰生。

大崎镇除有大崎山这张含义深刻的名片之外，还有蕙兰山。蕙兰山位于麻城盐田河南部，镇东北边界上。昔因山上盛产蕙草和兰花得名。蕙兰山上的蕙草兰花漫山遍野，花开季节，景色不亚于燕儿谷，想游山观野生兰花和蕙草，这里是绝佳的选择。

蕙兰，即蕙草和兰花，她们是姊妹之花。蕙草，在古代是有名的香草，而且还是一种中草药，它可以治好几种病，不过您得请教老中医才是。说它名贵因为它既是草，又是花，还是药，而且很香。蕙兰属多年生的草本植物，叶丛生，狭长而尖，初夏开淡黄色花，不过只有蕙兰山上才有。大别山的其他地区根本见不到，这也是蕙兰山的特别之处。

【毛群益　摄】

而兰草花则是中国的特产花卉，也是被公认的我国十大名花之一。罗田被国家授予"中国野生兰花之乡"。孔圣人曾经说过："芷兰生幽谷，不以无人而不芳，君子修道立德，不为穷困而改节。"兰草花雍容华贵，香气扑鼻，有王者之赞。中国野生兰花主要生长在罗田的崇山峻岭、山野沟壑、土壤湿润和向阳的地方。阳春三月开花，韵致清香淡雅，花瓣淡黄带紫红色，姿态秀丽、亭亭玉立。它天性野生，现在属国家二级保护植物，而且盆栽远不及野生的芳香。值得一提的是，要奉劝那些爱花者们，切记山上的兰草花不能挖，挖了则犯法！

兰草花也的确是讨人喜欢，人见人爱，受到老少的宠爱。兰草花尤其在罗田最多，每到花开季节，乡里人从山上把花抽下来拿到城里去卖，满城清香，人们争相购买，最具人气。那些平时生意火爆的花店老板，见到这兰草花俏销劲头，也只能望而兴叹！

蕙兰山独以盛产蕙草和兰草花而得名。它海拔852米，山的北部孤峰兀立，古迹传说闻名遐迩。与麻城市盐田河交界，东侧有平头岭青茶场，南有黑龙寺药材场，山中古树幽森，别有洞天。山上还种有茱萸、牡丹、白芍、天冬、苡仁等多种名贵药材。因其土质肥沃，雨量充沛，气温适宜，雾露时间长，生长出的药材品质上乘，是药材市场上的抢手货。

蕙兰山山势雄伟壮观，孤峰突显于群山之上，登临其山顶，附近诸峰均在脚下，视野开阔。站在顶峰鸟瞰四周，麻城龟峰山近在眼前。南望可见长江远景，还可看清黄冈、小半个新洲和鄂州市镇。这山顶名玉阁顶，有一块岩石，昔日曾依石壁天然痕迹凿成一尊石佛，并依傍石佛建庙，名祖师庙。尤为奇特的是在石佛坐处，贴耳静听，常年有风声怒吼，当地人讹传可通江海，山顶下面有风洞和雨洞。雨洞是由一块约十米见方的大岩石前庭腾空形成的一个能容纳数人的石洞，洞顶有石乳，常年滴水，天旱则涸。风洞距雨洞约五米远，在一块稻田边的土坡上。当地人说洞内生风，洞外可闻。究其缘由可能与山顶石佛旁边所听到的风声有关。原三里畈中学校长毛群益先生，游蕙兰山诗云：

……古城石门完无损，斑驳苍凉印旧痕。

棋盘巨石向天立，登临脚下踩流云。

石隙上下相贯通，空穴来风人皆惊。

荒田石壁高数丈，风雨双洞播远名……

蕙兰山除山峰奇特之外，还有珍稀的野生兰草花和难以见到的蕙草。更为神奇的是，在玉阁顶旁边能挖到黑米。二十世纪六十年代缺乏粮食，周边不少的群众上山挖黑米拿回家做饭。人们百思不得其解，至今仍是一个谜团。蕙兰山地处罗田的边缘，尽管没有人为它"兴诗作画"，但它仍能显现大崎之神尘；没有画家为它泼墨，没有文人为它点赞，它那奇峰妙壁依然是大崎最抢眼的亮点，也是罗田西大门前一道靓丽屏风。

游过了两座名山，再去翻越祁祥岭。祁祥岭比那两座山更为神秘，从名字上就知道怪怪的。"祁祥"的真实意思就是可左可右，能福能祸，是祁祥之地。过去这山上还设有关卡，行人从此岭经过，相传如果心存歹念者经过此岭将招横祸，诚心善良者能祈福吉祥，因此也就称它"祈祥岭"。由于祁祥岭地处团风、麻城、浠水、罗田四县交界，四面可以通行，福祸骑墙，久而久之人将骑墙念成"吉祥"，最终音转祁祥。祁祥岭不仅地名双关，而且这山的东侧有一个可容纳十余人的山洞。传说昔日有一道人在洞中修炼多年的羽化成仙，最后飘然而去。人们把这洞称为"仙人洞"。虽然这里算不上著名景点，但时而有很多好奇者进洞观看。一来探知洞中奥秘，二来也想沾点仙人的灵气罢了。

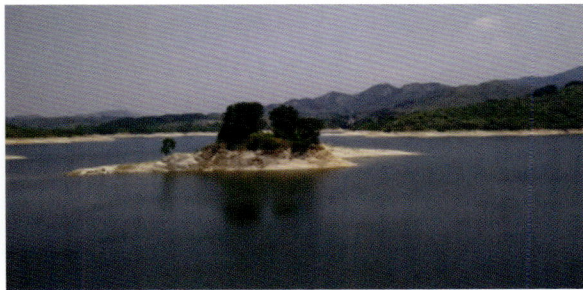

【何执林　摄】

大崎以山著称，胜景级景点有：大崎山、小崎山、天马山、蕙兰山、陡坡山。青山配以绿水，把大崎点缀得丰肌秀骨。大崎素以"三山夹一河"而闻名于鄂东。流经三县三镇汇入巴河的泗泊河，属罗田五大河流之一。泗泊河发源于双河口，流经泗泊河上游的响水潭，人们在响水潭修建一座水库，水库风景优美，四周植被掩映，库水清澈如玉，堤坝横跨东西两端。站在大坝放眼远眺，微风吹拂着湖面，湛蓝的湖水泛起波澜。库中的小岛，像大海中浮起的一艘潜艇，凸起在湖面雄伟而壮观。青山绿水、白云蓝天中的小岛上绿树点缀，又像是画中的一艘渔船。库畔清新凉爽的空气，无论是激水泛舟、垂钓休闲、览胜电站，都令人心旷神怡兴趣盎然。响水潭把大崎的景色装点得朴实无华，诗人舒华栋用一首《渔歌子》讴歌这山乡风物：

　　泗泊长流泗水馨，清涟醉倒岸边人，

　　桑栗熟，稻粱兴，沿河竹柳掩新村。

　　泗泊河的显著特点是海拔低。都说三里畈新桥是罗田海拔最低地方，其实不然。1984年版《罗田县地名志》记载大崎泗泊河的汤家畈海拔也是46

米，与新桥一样低。为什么泗泊河海拔最低？这与周围地形地貌密不可分。西北部是麻城龟峰山，海拔1320米，因其地形山势酷似一只昂着头的乌龟，所以称龟峰山。龟峰山恰好在大崎上方，头向西南方，也就是罗田与麻城交界的乱石寨。这泗泊河则是乌龟栖息的地方。要知道乌龟总是在水的最底层觅食，岸边下蛋之后，爬到后山观望，守候爱情结晶，等待子孙的出世。蛋下何处？那就是乱石寨啊，日久天长这乌龟蛋不但没有孵化出小崽，反而变成一大堆石头，人称"蛋石寨"。后人把"蛋"字念别了音叫"乱石寨"。这听起来是玄乎得很，但仔细一想也不无道理呀。泗泊河海拔低，旁边是乱石寨，乱石寨背后是龟峰山，而且这乌龟头恰好朝向乱石寨。从这地理形态上看合情合理，这就不玄乎了。

要说乱石寨是神龟下的蛋，人们也可能将信将疑，但这个地方与神龟蛋还有一定的关联，神奇得很嘞！百岁老人何保安说在乱石寨旁边靠罗田方向，有个叫"土门卡子"的地方，两边山高约五百米，中间是一条壕沟，所以称它"土门卡子"。据说在前清，这"土门卡子"里的狗子都在屋脊上睡，说那是要出皇帝的征兆。消息传到京城，皇帝极为重视，钦赐地方官抽丁挖山破其风水。于是就有"白日千人挖，晚上万人填，就怕铜钉钉四舷"之说。结果风水破了，这山其实是大别山的"龙脉"啊。

土门卡子当年有座庙，庙里有三个和尚：蹬脚和尚、静进士、何仕荣，三人武功高强。自古至今都说"黄州豆腐，武昌酒，樊口的鳊鱼，芝麻湖的藕"。每天清晨，那个蹬脚和尚到黄州买豆腐、到芝麻湖买藕拿回来做早点。大崎到黄州有百十多里路，足见其功夫了得！这庙里还有和尚练功的两尊石锁，每个一米多高，重约一百五十多斤。老人说曾亲眼得见，现在也不知道石锁在哪。

何老人谈起大崎古代的传奇人物滔滔不绝，他说李婆墩有个叫蔡迎喜的大侠客，是一个绿林好汉，也有人说他是江洋大盗。这人他还见过呐，本事大得很，在烂泥巴田里行走脚不沾泥，看不到脚印。他非常古怪来无踪去无影，常人发现不了他。他专偷黄州知府库银，而且还留名姓，但他从不打扰百姓。一次知府派两名捕快到李婆墩准备将他缉拿归案。捕快来后他热情款待，晚上将两捕快安排停当之后，仍然到黄州知府行窃，在他处过夜之后回到家。第二天清早，他把饭菜做好，叫醒两捕快起来"过早"。知府见头天晚上他又作了案，于是再次派人来抓。结果先前的那两位当场作证说："你说他昨天晚上在知府作案，纯属子虚乌有。他昨天晚上亲自安排我们就寝，清早做好早饭请我们'过早'，怎么可能到知府作案？"知府只得作罢。过后他金盆洗手，再有行窃行为。

大崎陡坡山流传着一件鲜为人知的咄咄怪闻，听起来邪乎得很，既真实又奇妙，而且不可思议。一位退休的方先生谈起这故事妙语连珠，话说陡坡山上有一个鸡公石，旁边有个石洞。二十世纪六十年代末在山顶修了一座水库，修水库那年来了一位游荒的、满头白发蓄着长长银须的老道人栖身洞中。道人从何而来，姓甚名谁无人知晓。但他从不扰民，也很随缘，不过性格非常古怪：不吃也不喝，就连三九天也寸纱不穿。周围民众经常送些食物和生活物品给他，他逐渐与村民关系融洽起来。

终于有一天道人跟村民说，离这里不远处，过去有座"朝阳寺"（"文革"时被毁），并说出寺的朝向和规模，以及周围植被情况。当地老年人证实，道人所说千真万确。

大约八十年代初，道人死了。一天一个操外地口音、约莫四十出头的妇女，来问方先生这地方是不是有个陡坡山。因不能亲自引路，他便指给她从哪儿上陡坡山。其时她自我介绍从河南洛阳来，还说这山上有位白须老道托梦于她说这里由她接管。方先生觉得好生奇怪，陡坡山在大崎都不出名，洛阳人怎么知道这里有个陡坡山，山上有个道人？妇人住了一段时间，女儿见母亲未归，千里迢迢也找到了陡坡山。母女俩在山上住了几天之后，便回洛阳老家。哪知，道人再次托梦给她，要她负责恢复朝阳寺。女子梦中推托说："我一个妇道之人，在当地人生地不熟，而且也没有那么大经济实力，请佛祖另选他人。"

没隔多久广东汕尾有一位年近四十的女企业家，慕名来到陡坡山，说是"还愿"，打算修朝阳寺，并跟当地人说一位白须老道托梦于她说在她之前有位洛阳人来过，因没有足够的资金无能为力。女企业家还将朝阳寺的原始概况讲得一清二楚，这事丈夫不太同意。可奇怪的是，她丈夫明明好端端的，突然得了一场大病。女企业家来考察之后，认为工程量大，而且要耗巨资，打算放弃。岂料回家没两天自己竟卧床不起，她心想"恐怕是愿没了却的缘故"吧。于是亲自驾车携带巨资，终于建成了朝阳寺。俗话说"好人有好报"，夫妻二人病也好了，生意也红火起来了。故事在黄土岭和整个大崎镇家喻户晓，信而有征。

大崎地处罗田西部紧挨麻城、团风属三县交界处。虽然管辖不一样，但民众游于三县之间方便自如，他们之间的关系也很融洽，往来密切。三县交会之处经济发达，文化生活相当活跃，是罗田的经济文化窗口。标题点到"育人摇篮"指三解元和泗泊河，是抗日战争时期省二高、二师所在地，那里是黄冈中学、黄冈师范学院的第二"故乡"。

大崎泗泊河、三解元旧时书香四溢，自打明朝起读书就出人才，明清两个朝代，一塆就出了三个解元。何谓"解元"？自唐朝起至清朝凡参加乡试，取得第一名者为解元，其余考中的称举人。唐制，举进士者皆由地方解送入京城应试，后世相沿，乃有此名，故后世称乡试第一名为解元。

三解元读书出人才，那些"遍知真人"则添言加醋，谈起三解元绘声绘色，说第一个解元下葬的地方是块宝地，后两个尽管去世的年代不同，但依次都葬在同一墓冢，分上、中、下三层。而且三口棺材前后左右垂直于同一条直线分厘不差，可见那些风水先生技艺精湛、手法高超。

历史上大河岸的进士河，就因出了六位进士而出了名。同样大崎"三解元"就因一塆两朝连出三个解元冠名了。那位百岁老人何保安兴奋地讲："说大崎是文化之乡，三解元则是人才之源，一点都不错啊。这不，明朝就有两个，雍正年间一个。"三解元远近闻名，不仅令大崎人自豪，整个黄冈市无人不知无人不晓。为何说它是人才之源？并不因为仅仅出了三个解元，就能戴上书香宝地的桂冠。话得从抗日战争说起，那个时期黄冈首屈一指的学府相继搬到大崎来落户。这当然，一是当时时局决定，泗泊河、三解元地理环境特殊，进可攻退可守；二是三解元也的确是人才之源，书生之乡。

　1938年武汉沦陷，省二高和省二师相继搬到大崎泗泊河和三解元。二师设在泗泊河西祠，前任校长是罗祥肖，后任是蔡理成；二高设在三解元，1946年抗战胜利后省二高搬到黄州，也就是现在的黄冈中学。省二师由泗泊河迁址到新洲大渡村，并改名为湖北省立第二师范学校，学校开设普师、简师班，主要培养中小学师资人员。再后来由新洲迁到黄州，即如今的黄冈师范学院。其时两个学校，学生来自本省和外地。省二高还设有一个女子中学。

何氏三甲祠是当年地区行署所在地，也就相当于现在黄冈市政府。行署主任李世桥是个傀儡，非但自己不积极抗日，还阻止爱国人士抗日。两校的学生对此极其愤慨，学生自发地组织游行示威，李世桥竟出面干预，学生们群情激奋，为了解恨，还将这个傀儡一顿暴打。地区行署在大崎仅设立了两年，1946年迁移到黄州。

一位当年二高的学生、原黄冈师专副校长童士甲先生与其校友在二十世纪八十年代同游三解元时赋诗写道：

（一）

故地重游百感生，耳边犹荡读书声。

杏坛足迹今何在？已化春泥护落英。

（二）

同游旧地话沧桑，五十春秋别梦长。

万语千言凝一句，天涯海角勿相忘。

地理环境造就了大崎这片福地热土。自明清以来这里就是书香之地，抗日战争时期、解放战争时期是鄂东军事要冲。五广祠原为鄂东抗日总指挥部，程汝怀是当时的抗日总指挥长。抗日战争时期新四军五师张体学部队，一直坚持在大崎浴血奋战，赢得了一次次胜利。欲知张体学的英雄事迹，且看下篇分解。大崎令地球人刮目相看，魅力无穷，奇特之处：

一、天赐的神石"古陆核"全国罕见，世界也稀有。

二、它是革命老区、抗日战争和解放战争根据地。

三、书香之镇，是黄冈主要学府的摇篮。

四、泗泊河水流经三县三镇，蕙兰山上能挖到黑米。

想看玄妙的景色到大崎，想听神奇的故事到大崎。大崎基础设施完善，村村湾湾道路硬化，网络通信灵便，建有多家星级宾馆，能给游客提供安逸休闲场所。同时也为投资创业人员搭建好平台。道路四通八达，可直上麻阳高速。大崎依托天赐的地理环境，大力发展旅游事业。在县委、县政府的领导下，大崎镇党委带领全镇发力攻坚脱贫。如今大崎人富了，精气神足了，大崎终将在世人面前展现出一个文明富强的奇特之镇！

第十一篇　铁蹄践去留仇隐
众志成城敌胆寒

"九月三日"是全世界爱好和平的人们永远也不会忘记的日子，也是中国人民庆祝的日子——中国抗日战争胜利纪念日暨世界反法西斯战争胜利纪念日。

回忆1931年至1945年那段历史，国难当头，日寇横行，血雨腥风，满目疮痍，赤地千里。好端端的国土被日寇践踏。国民饱受欺凌，灰蒙蒙的天空连鸟儿们也发出哀鸣声！罗田也和全国人民一样同仇敌忾，众志成城万众一心，用鲜血和钢铁般的身躯捍卫赖以生存的家园！

罗田是抗日根据地。七七事变以后，张体学、丁宇宸组织国民革命军陆军第二十一集团军独立游击第五大队，共有4个中队，1730余人。他们深入敌后展开游击战，一次又一次击退日军。1939年1月，日寇集结伪军2200多人，分三路"扫荡"大崎山、小崎山、乱石窠一带。其中两路进攻程汝怀下属的防区，一路进攻独立五大队防区。在张体学、丁宇宸的指挥下，周旋激战4天，击毙日伪军数十人，粉碎了日寇进山"扫荡"计划。独立五大队营长漆少川率少数游击队员以奇袭方式在黄冈、罗田、浠水、麻城一带活动，拔除日军和伪军据点，烧毁日军仓库，多次在公路上伏击，截断日军交通线，歼灭日伪军50多名。一次日寇被地雷炸死炸伤17名。独立五大队受到当时驻五广祠的国民党鄂东行署嘉奖，还赞扬他们"抗战有功，实为欣慰"！

罗田的抗日故事举不胜举。回忆那场凤凰关战役，无不称赞国共合作联合抗日所取得的丰功伟绩。那是1938年10月24日，先烈们在独松树痛击日寇之后，滕田师团占领罗田县城第二天，准备进攻英山，与龟沼部配合。日军从浠水县城出发，分两路进攻罗田。桂系第七军172师所属一个连兵力据守濛濛山与日军展开决战。26日上午10时，日军从步兵河上濛濛山，在凤凰关接近桂系部队阵地时，受到猛烈阻击。日寇发起十次进攻，均被桂系部队击退。经过一天一夜激战，桂系军所坚守的濛濛山、祝家山、仁寿山、烟炮垴均无一失。在这次战斗中，打死日寇10人，生俘11人。桂系军172师一个副连长、一个排长和不知姓名的三名战士阵亡，被埋在濛濛山边，英灵与青山相伴。方子陵先生哀悼烈士诗云：

> 敬瞻荒冢忆当年，是役曾叫敌胆寒。
>
> 痛击强冲声动地，掺捶滥炸气冲天。
>
> 英雄血沃濛濛土，倭寇灰飞淡淡烟。
>
> 鏖战捐躯皆卫国，青山绿水伴长眠。

之后，狡猾的日本兵一路上梅家冲翻竹竿山，绕到桂系军后，发起进攻，桂系军腹背受敌向望云寨退去。此次阻击战日寇死伤一百多人，桂系军只牺牲一名排长。这支兵力10月26日在步兵河、凤凰关奇袭日寇残敌。滕田师团攻占英山后，出西河进犯金家铺，与龟沼师团夹攻立煌县。因龟沼师团在独松树受到阻击，窜至罗田县城。滕田师团从金家铺撤回，回窜的日军主力则从凤凰关向西逼近，后路日军约一千人在步兵河备晚餐。10月29日桂系军172师转移到望云寨的一连战士，从小路绕出梅家冲，埋伏在凤凰关，傍晚这一连战士在连长的带领下，兵分两路对日寇进行袭击。日寇仓皇应战，且战且逃。前路日军闻信炮火支援时，抗日战士已安全转移。此次袭击战，生俘日军5人，战马11匹，械弹装具一批，敌军死伤100余人。而桂系军只重伤2人，轻伤4人。人们忘不了牺牲的烈士，年近百岁的学者叶冠群先生在清明节祭扫烈士时赋诗：

清明冒雨谒陵园，抗战悲歌忆昔年。

百姓逃生藏绝谷，孤军誓死守重关。

忠魂浴血濛山赤，倭寇屠城义水寒。

国靖岂忘民族恨，振兴华夏慰英贤。

日军滕田部从英山出发，由金家铺绕回欲返罗田县城。暮色中两日寇准备牵走陈家的肉猪，被陈家兄弟发现。兄弟俩将一名日本兵抵到石头上撞死，另一名日本兵被推到烂泥田里用石头砸死了。

是啊，抗日战争中华儿女义愤填膺，同仇敌忾众志成城。人民能反抗的奋起反抗，杀敌声令日寇闻风丧胆。这样的故事在民间不胜枚举。意在传承后世，不忘国耻！

大崎一位95岁参加过抗美援朝的老兵何保安讲道，1941年10月20那天是他的结婚日，日本兵由麻城夫子河过大崎，人不多，大约一个连还不到，有骑兵但大部分是步兵。一进李婆墩便将五个挑萝卜的贾庙人捆绑在天福庙里，后又将他们带到胡志勇家里（人已逃走空无一人），日本兵将他们衣服全部扒光，然后一个一个地用刺刀捅死，鲜血流出了两米远，染红了他们的身躯，真是惨不忍睹！同日下午大崎河东的史家岗上，日本兵巡逻放哨，看见塆里有几户人家，进塆将史家兄弟二人杀害。老大叫史存，老二叫史照。兄弟俩头天外出，还未到家，听说日本兵到了李婆墩，便住在方家塆里，打算回家去看看动静，老大刚走到屋后的岗上，被日本哨兵看见了，日本哨兵狞笑着向他招手，示意他过去，史存刚上前几步，日本哨兵用刺刀向他捅去。史存朝弟弟喊了一声"不要过来"，史照正准备逃跑，两个日本哨兵一前一后，各一刺刀。兄弟俩惨遭杀害，前后不到一分钟，鲜血流出两三米远。这还不算，凶残的日寇还在李婆墩逐家放火，房子几乎全部烧完了。

日本兵临走时剩下的那几间房屋也是断壁残垣。部分国民党兵见日本兵人多势众、装备精良而不敢抵抗。而新四军人又在三面河、柳树河那边打游击，远水不能救近火。日本兵在李婆墩仅仅只歇了一个晚上，就杀了七个人。烧了房子达到强掳目的之后第二天也就是1941年10月21日，从三里畈退到团陂至蕲春。写到这里，联想起父亲曾经对我说过有一小股日本骑兵，杀到三里畈，准备从河铺、平湖绕道罗田。刚进温泉地界，突然领头马双脚跪地不起。紧接着马匹双腿抬起，脖子后仰直往后退，而且还不停地嘶叫。就凭那马的嘶叫声，令日本兵不寒而栗。日本兵疑神疑鬼，如同《三国演义》里的司马懿，停留了许久，无论怎样鞭击马匹就是不走。日本兵知道这不是个好兆头，因此不得不掉转马头撤退。退到浠水团陂之后迂回蕲春，三里畈才免遭劫难。究其原因，恐怕是这里有温泉的缘故吧。一般人都知道，有温泉的地方地壳很薄，而地壳薄的地方最容易引发地震。过去老年人不知道"地震"这个词，把它称为"鳌鱼捱痒"。在地震来临前或发生时，动物有先知先觉的本能，马匹自然就烦躁不安，甚至高声嘶叫狂奔乱跳，导致马失前蹄，马往后退。事后那些老年人都说三里畈这地很神奇，日本兵来了鳌鱼就捱痒。他们当然不会知道那可能是地壳迁动的缘故吧。

一位年近90的退休老人周汉文介绍，1942年日军从麻城宋埠出发，会同据罗田的日寇，兵分三路进攻立煌。日军东路走英山东界岭的一部，被国民党四十八军击退。西路一部走麻城木子店，越长岭关出吴家店。中路一部约一千多人马，准备从罗田县城出发，经大河岸、肖家坳、白庙河越石柱山直至上堡。日本兵所到之处房屋被烧光，到处一片瓦砾。有一队骑兵走到县城河东街，马匹突然停下不走。一大佐问翻译官这是怎么回事，翻译官也不知道到底是怎么回事，只晓得塔山庙里有和尚念经，便信口雌黄答道："有可能是打扰了神灵吧。"随即大佐与一领头的嘀咕了几句，叫一日本兵拿来一些香纸，朝着塔山方向拜了几拜。一边叩头一边嘴里还说："我们只是借路，不杀人。"日本兵极为狡猾，从罗田到大河岸、肖家坳有杀人。但到跨马墩则大开杀戒，烧杀奸掳，将白庙河王一鲁全家杀光，还将大地主周继石的两个儿子周光武、周光亚绑走押至河南郑州。日本兵长驱直入翻过石柱山，经黄石河至滥泥畈卷棚桥时，一大佐拿出"扯光镜（望远镜）"四下观望。发现对面山上有国民党军修筑的工事（防空洞），旁边还有人活动。国民党军听说日本兵翻过了石柱山但始料不及。日寇便在叶家墩顶部架起小钢炮，朝洞口开了一炮，整个工事被炸塌，后来才知道洞内是国民党江汉师管区临时驻军，洞里的人全部炸死了。接下来就在羊角寨的战斗中，安徽保安九团与日寇展开殊死搏斗，因日本兵多势众，装备精良火力猛，最终寡不敌众。值得颂扬的是，此次战斗中共十二位地下工作人员牺牲了，他们全都是安徽籍将士。当地人含泪掩埋了这十二名烈士，后人为缅怀烈士立下墓碑。由于弄不清烈士真实姓名，见这些年轻烈士又都是外地人，所以将"外"字念成"万"字，称"万人墓"。

　　老人接着回忆，日本兵诡计多端，晓得周光武、周光亚两位是当年的大学生，觉得有利用的价值。于是想方设法，威逼利诱。将他们二人带到河南郑州日军大本营，关了一个多月才放出来。兄弟俩回来后跟垸里人讲，日本兵不杀他们反而放回来的原因。日本兵在郑州总部，对他们进行轮番审讯，异口同声地审问："你们那后面山上的两柱'神秘的烛光'是怎么回事？"硬要他们说出"烛光"的来历和原因。兄弟俩是"丈二的和尚，摸不着头脑"。日本兵见他们回答不出所以然，感到害怕也无可奈何。认为这地方并非一般之地，一定有神灵护佑。于是就对他们兄弟二人说："你们回去吧，我们再也不去打搅你们那个地方了。"兄弟俩回来对大家说："原来那些日本兵一进白庙河地界，大白天都看到高山村杨桃尖上有两柱'神秘烛光'闪闪发亮，而且光芒四射。那些日本兵很好奇，认为哪有白天出现烛光，原本打算去看个究竟，但又感到非常恐惧。害怕出现神灵他们将会死无葬身之地，因此又不敢去那个地方。"这些杀人不眨眼的魔鬼居然也知道害怕。奇怪的是：那两柱"神烛"至今仍然没有人看到过，也根本不知道到底有没有这回事，或许真的是上苍护佑着罗田，也可能是日本兵心虚害怕而产生的幻觉而已。要想知道这神烛的真假，有待科学考证。不过日本军队从罗田败走之后，兵败如山倒节节败退。最终不得不跪倒在中国人面前，用那沾满了鲜血的双手签下了无条件投降书！

张体学这支部队一直坚守在罗田，1947年在罗英一带组织群众上山打游击，从荣华寨来到黄竹坪。当地反动组织得知有游击队员活动，追至黄竹坪，塆里人将张体学藏于茅厕里，才躲过一劫。张体学部队在大崎时部队打散了，张体学、漆少川、谭振彪、戴汝平在老百姓掩护下突围，辗转到蕙兰山黑龙寺躲藏。敌人追击张体学，两名战士在后面奋力狙击敌人。当张体学回头望时，见那两名战士已倒在血泊之中，鲜血染红了石板。

十四年抗战到解放战争如同钢铁与烈火的交迸。中国共产党这个中流砥柱，带领全国人民一道浴血奋战，用身躯谱写了一篇篇英雄史诗，用热血绘就中华这片锦绣河山，用头颅换来了人们的幸福安然！一次次战斗就是一座座不朽的丰碑，高高耸立在大别山之巅；一次次胜利意味着中华民族多难兴邦；一串串和平的脚印，演绎着历史的沧桑。

从七七事变到日本投降，人们永远也不会忘记那段刻骨铭心的历史；从抗日战争胜利到解放战争，刘、邓大军挺进大别山，奏响一首首胜利凯歌。英烈们为解放大别山区，保卫罗田而肝脑涂地。英灵千古慰忠魂与大地永存！先烈们为解放罗田谱写了无数英雄史诗，它在中国革命史册上功不可没，他们的英灵和大别山一样永恒！

第十二篇　楚国为宝余三胜
天完称帝越十年

　　列为看客，想全方位知悉罗田，就得了解罗田的历史名人。本篇仅举荐三位："楚国一宝"晚清学者——王葆心；京剧鼻祖——余三胜和一度风靡大江南北的天完皇帝。因此，涉猎本篇对于探寻罗田的人文脉案，是大有裨益的。

　　标题所述的"楚国为宝"就是我国著名爱国学者、湖北晚清著名的方志学家王葆心（1867—1944年），字季芗，号晦堂，大河岸古楼冲人。他自幼勤奋好学，曾以府考经学第一名考取秀才，后入两湖书院深造。1890年起，先后受聘为潜江传经书院、黄梅调梅书院、罗田义川书院院长。1903年乡试，他中第三名举人，曾经担任过知县。光绪三十三年举贡考试名列第一，不久被调往京都礼部总务司审定科做行走，兼图书总纂。后经学部奏请，以七品小京官任学部主事，并被礼部聘为礼学馆纂修。王葆心胸怀兴国之志，刚直不阿，视民族气节重于生命。目睹清朝政府腐败，外侮凌逼，发愤撰《宋季淮西六寨纪事》《天完志略》《蕲黄四十八寨纪事》和《罗田靖乱记》《罗田团练始末记》等历史著本。将宋、明末季楚东人民不畏强暴、抗击侵略的壮烈事迹，整理成为眉目清豁、情节生动的史著用以补正史缺失、弘扬民族气节、鼓舞人民斗志的抵御外侮的宣言书。

　　王葆心博学多才，1912年担任湖南省官书报局总纂，继任北京图书馆总纂。1922年南旋，就任湖北国学馆馆长和武昌高等师范学校及武汉大学教授，后就任湖北通志馆筹备主任兼总纂。他广搜博览全国志书达1400余卷，把将所载内容同有关历史地理资料查对考证，辨证谬误、审体例、寻因革，找出其中的脉络、体例变革的原因及切实可行的经验，撰写为《方志学发微》一书。成书前，先撰写《重修湖北通志条本》一卷问世，为当时修湖北志方案奠定了基础。

"七七事变"日本侵华，进逼华北，平津告急，王葆心为抢修湖北通志所需材料，曾两次北上。北平沦陷，他便携带手抄稿，备历艰辛，问道返汉。是年退居故里，担任罗田县志馆馆长。他带病撰写《重修罗田县志》，并以《发挥初期异同荟笺》抒发自己对侵略者的仇恨。1944年他为了深入了解宋、明末季江淮民族英雄用兵的概略，抱病前往天堂寨实地考察，因过度劳累回老家大河岸古楼冲后就卧床不起，去世时年77岁。

这位方志学家一生治学严谨，主张义理、考据、词章三者并重。对经学、史学、文学、教育学均有研究，而且还把它们发扬光大。他遗著达170余种。已刊《明季江淮七十二寨纪事》《虞初文志》《续汉口丛谈》《重修湖北通志条仪》《历朝经学变迁史》《经学研究前后篇》《中国教育史》《古文辞通义》。未刊有《方志学发微》《增补修志通则》《采访志书条例》《天完志略》《江汉献征录》《湖北特征长篇》及合纂《湖北文征》。中华人民共和国成立以后，罗田县政府重修王葆心墓，时任国家副主席董必武亲笔题"楚国以为宝，今人失所师"牌匾以表墓门。湖北省文史研究馆为其撰文立碑纪念。

欣赏罗田民间艺术就看东腔戏。戏剧大师余三胜既是东腔戏的传承人，又是京剧余派三名俗之首、京剧的祖师爷。京剧是中国五大戏曲剧种之一，其腔调以西皮、二黄为主；徽剧则是京剧的前身。清朝乾隆皇帝喜爱戏剧，每次到江南巡视，都要请江南各戏班到扬州演出。乾隆五十五年，扬州地方官组织戏班进京演出，为他八十大寿举办"万寿盛典"，因此就有"徽班进京"之说。南方的三庆、四喜、春台、和春四大徽班陆续进入北京。他们与来自湖北的汉调艺人合作，同时又接受了昆曲、秦腔的部分剧目、曲调和表演方法，吸收了一些地方民间曲调，通过不断地交流、融合，最终形成京剧。京剧形成后在清朝宫廷内部快速发展，一直延续到民国都空前火爆。追溯京剧的历史来由，它的创始人之一就有罗田九资河七娘山村余三胜。余三胜年轻时由于家境贫寒，不得不靠卖艺为生，流浪到北京之后结识了一位戏院老板，从此就在京城扎根发展。

余三胜字起云，名开龙，1802年出生。他幼年学戏，青年时为汉剧演员。嘉庆末年赴天津，加入天津侯家后"群雅轩"票房。道光初年同弟弟余四胜同入京师，加入北京"四大徽班"的"春台班"，余三胜为该班台柱。余三胜在唱法上另辟蹊径、别具一格。他将汉调皮黄与徽调皮黄结合，再吸收昆曲，创作出一种抑扬婉转的皮黄腔调，后人称它"反二黄"。《都门杂咏》曾有诗云：

时尚黄腔似喊雷，当年昆弋话无媒。

而今倚重余三胜，年少争传张二奎。

余三胜堪称京剧鼻祖，曾经被光绪皇帝御封为"戏状元"。他创始的京剧，如今已被列入中国"人类非物质文化遗产"。他是戏剧创造革新的先行者。他精通文墨，善口才，凭着他那戏剧天赋，演戏常创新腔、出新意，开创了京剧史上的先河，取得了成功。他最善于把青衣小腔巧妙地加入老生唱腔之中，行腔圆润流利，婉转缠绵。节奏鲜明而富于变化，故对老生唱腔的创造尤为突出。他的代表作有《定军山》《四郎探母》《空城计》《捉放曹》《碰碑》等十几部经典剧目。

这位京剧创始人于同治丙寅年（1866年）与世长辞。京剧形成以后，他的唱腔成就了后辈众多演员，被四大门派中谭派的谭鑫培等所效仿。余三胜祖孙三代唱戏，其子余紫云擅长花旦、青衣；其孙余叔岩（余紫云之子）也是著名京剧老生演员。他的徒弟有杨宝忠、谭富英、王少楼、杨宝森、李少春等。余叔岩逝世时中国著名京剧表演艺术家梅兰芳，得知这位著名戏星陨落，十分惋惜，并亲笔题挽联：

　　缔交三世，远武同绳，灯火华堂，赞乐独怀董幡绰；

　　阔别七年，赴书骤报，风烟旧阙，新声竟失李延年。

　　文艺百花齐放，百家争鸣。余三胜开创了戏剧历史的先河。他将中国国粹京剧表演得炉火纯青。这位京剧的祖师爷早期是唱东腔戏的，也是东腔戏的传承人。他在东腔原有基础上，不断创新发展，使其当时在鄂东极为盛行。东腔戏起源于白庙河一带，自唐代以来一直流行于罗田。清朝嘉庆年间，一次余三胜和他的东腔戏班在大地坳演出时，当地一位富豪点两本戏，第一曲余三胜饰公主，第二曲余三胜扮演讨米的姑娘时，忘记摘下手镯，惹得那位富豪将他赶下了戏台。也就是此次小小的失误，才成就了他后来进京发展的机会。那位富豪听说余三胜在京城走红，自觉无颜以对而寻了短见。

　　东腔戏始于唐宋时期，这一古老地方剧种，堪称民间艺术瑰宝，被戏剧界认为是中国戏剧的"活化石"，具有极高的研究价值。东腔戏又称东路花鼓，以哦呵腔、畈腔等山野唱腔行板，以锣、鼓伴奏为主，富有大别山地域特色，是源自西路花鼓楚戏的姊妹剧种。清中叶以后在罗田白庙河、胜利世代口耳传授。从第一代祖师陈兴太，至21世纪初期已有9代传人。东腔戏已成为我县传统经典剧种。近年来罗田县委、政府极为重视戏剧事业，尤其是"东腔戏"。为了让这古老的原生态剧目在罗田发扬光大，不至于失传，让古文化遗产深深根植于罗田。2016年6月，县委主要领导亲自选送《余三胜轶事》到北京上演，受到首都观众的一致好评。

　　东腔戏是集娱乐、趣味、滑稽于一体的群体喜剧。主要用锣鼓喇叭，也有四弦（凤琴）伴奏。演唱灵活，台上唱台后和，参与人员众多。尤其是领头人（主角）文学素质要高，即兴发挥能力要强，讲求能言善辩、语句精练、言辞韵律精准，每句行腔都必须博得观众的笑声和掌声。这种民间原生态的传统老戏，深受农家人喜爱，同样也是中国戏剧历史上前所未有的一个老剧种，所以才被誉为我国戏剧的"活化石"。

东腔戏在整个罗田极为盛行。胜利陈家山垸内，至今还保留有一座历经200年专门唱东腔戏的古戏楼，厅堂内悬挂祖师陈兴太题写的匾额"源远流长"。

【周卫列　提供】

全垸老少都能唱上几句东腔，70多岁高龄的陈月舟先生，全家人可合演一台戏。陈家山东腔戏班经常被周边县乡请去演出，而且票房上座率很高。 2015年10月，东腔戏表演家代表罗田出席参加"九州百戏"演出全国十三个省市的民间艺人齐聚上海兰心大剧院。东腔戏作为我国稀有剧种参演，得到主办方的赞赏。这次演出的代表剧目《赐福》获得全国优秀表演奖。东腔戏被列入湖北省非物质文化遗产。

罗田不仅把东腔戏作为我县特色剧种。同时还将"赶柳戏""采莲船""抢大头""皮影戏"、快板、大鼓书、民间小调、八音头、拳术等群众喜闻乐见、妙趣横生的传统戏剧发扬光大。

看了戏再听"天完"的故事吧。中国历史上曾有过不少皇帝。早在660多年前罗田就出了一位天完皇帝——徐寿辉。罗田有条徐寿辉大道，老少皆知。元朝末年（至正十年1350年秋），徐寿辉的红巾军在多云山中起事，在蕲水建都，即皇帝位，于是在大元的"元"字上面加上一个"宝盖头"，这意味着徐寿辉有压倒"大元"之意，建立了"天完国"，寓意"天完"，即国号，年号治平。

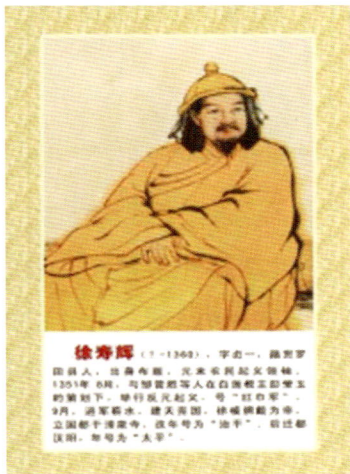

徐寿辉，道号真一，元末年间出生于河铺鹭鸶塆，后迁居曾家塆。他幼年常居新昌河乌云寨，之后移居罗田上五堡深山中。徐寿辉儿时家里很穷，而朝廷苛捐杂税压得百姓伸不直腰。加上年成不顺旱情严重，到处一片凄凉，老百姓提篮拄拐，讨米要饭。他父亲带着全家外出讨米度日。一天他们讨到白庙河，全家住在一周姓富人家里，白天外出讨米，晚上在此留宿。住了一段时间，周家佣人出面给徐寿辉安排了一个放牛行当。条件嘛，不言而喻非常苛刻：每天天还不亮必须起床，牵牛到山上放露水草，还得割一担青草带回，不然就不给早饭吃。十来岁的徐寿辉哪吃得来这样的苦呢，每天总是饿得头昏眼花，挑担青草踉踉跄跄，上气不接下气，不得不在树荫底下歇息。有一次被主人发现了，主人顺手捡起一根拇指粗带刺的荆条，劈头盖脸一顿猛打，打得徐寿辉皮开肉绽，鲜血直流。这日子一长小小的徐寿辉确实经受不起。徐寿辉心想，非得想个法子治治主人，要不然非被整死不可。有一天他放牛来到一颗甜柿树下，坐在树下的石板上，看见一窝蜂正在树上酿蜜，一群蚂蚁正在树下的石板上吃滴下来的蜂蜜，这下他突发奇想，有办法了。第二天，他找来一根长竹棍，伸到蜜蜂窝里，再用手指蘸竹竿上的蜂蜜在额头上写了一个"王"字，倒在石板上呼呼大睡，割的青草冇得半捆，而且早已变成干叶子。主人来查看，老远见到他在石板上睡觉，正准备用那带刺的荆条狠狠地教训他。可走近一看，奇唉！他头上蚂蚁排成一个"王"字。主人心里一惊，莫非这个伢是个星宿下凡？要不然怎么头上有个"王"字？于是溜回家，再也不敢怠慢徐寿辉了。

徐寿辉家世代务农。他少年时胸怀大志，年轻时是贩卖大布（现在称土布）的小商贩，身格魁伟，相貌不凡，为人直率，见义勇为，在群众中口碑很好，享有较高的威信。民间传说徐寿辉出世沐浴时满屋豪光。后邹普胜信口开河，说他在盐堆上洗澡身放豪光；还说是弥勒佛下凡，当出真命天子，并应验在徐寿辉身上。更为邪乎的有人说徐寿辉梦见坐铁砧上化身黄龙，这是以图符瑞之说，来促成徐寿辉起事的决心。后徐寿辉受白马三郎英雄事迹影响，逐步走向军事起义。

　　元至正十年（1350年）五月，北方白莲教会的韩山童、刘福通等人在大别山北面，发动几万黄河民工起义，直打到大别山脚下的光山县。徐寿辉本来对元朝就不满，见时机成熟，便与麻城铁匠邹普胜、江西宜春和尚彭莹玉等人一起，宣传"天下大乱，弥勒佛就要降临"。并于同年八月，在天堂寨（多云山）中发动起义，徐寿辉被拥戴为红巾军首领。因起义军头裹红巾，故称为红巾军。他们都信奉弥勒佛，烧香集众，亦又称"香军"。他率领的红巾军一举攻克了罗田县城，九月攻占了圻州（今蕲春）和平，设置统军元帅府、中书省枢密院以及六部（吏、户、礼、兵、刑、工）等军政机构，任命邹普胜为太师，以倪文俊为丞相兼领军元帅，陈友谅为元帅簿书椽。红巾军铸有铜印，发行钱币。徐寿辉在蕲水清泉太师殿里称帝即位，国号"天完"，建元"治平"。此时的元朝已接近崩溃的边缘。

　　政权建立后的口号是"摧富益贫"，深得贫苦农民的拥护，红巾军很快发展到几十万人。并以今黄冈市为中心，派出两路大军向江西、湖南挺进。红巾军纪律严明，不淫不杀，每攻克一地，只把归附的人登名于户籍，余无所扰，因而深得人心。队伍迅速扩展到百万人，纵横于长江南北，控制了湖北、湖南、江西、浙江以及福建等地。当时流传一首民谣："满城都是火，官府到处躲；城里无一人，红军府上坐。"元至正十三年（1353年），元朝统治者调集几省兵力，对红巾军根据地进行围剿。天完的重要领导人彭莹玉战死。国都蕲水县城也被攻破，"莲台省"四百将士战死。徐率领部队先后退到黄梅挪步园一带和沔阳县的滨湖地区坚持战斗，同时对军队进行整顿。第三年春天，红巾军大举反攻，重新夺取江西、湖南，控制了四川盆地和陕西的一部分地区，并于汉阳县城重新建都，改年号为太平。随后，徐又派人到罗田故里多云山中修田元殿，筑紫云台，还在山顶立"无敌碑"，以展示功德。

　　徐寿辉长于谋攻，短于制胜。他所攻下的地方又多不能守，以致给元兵可乘之机。元至正十六年（1356年）正月，天完迁都汉阳，但徐寿辉本人被丞相倪文俊操纵，虚有帝名。次年九月正当红巾军迅速壮大，士气日盛的时候，倪文俊却心怀叵测，企图杀害徐寿辉后降元，篡夺帝位。其阴谋败露后，倪从汉阳逃往黄州，被陈友谅捕杀。陈因功升任平章政事并吞了倪的旧部。天完实权转归陈友谅掌握。至正二十年（1360年）闰五月，陈友谅暗设伏兵，以看作战地形为由，将徐寿辉诱骗至太平（今安徽马鞍山西南）采石镇杀害，弃尸于长江，天完灭亡。后明玉珍追尊他为应天启运献武皇帝，庙号世宗。陈友谅即位后，国号汉，改年号为大义，不久亦被朱元璋击败。徐寿辉虽然失败，但他是导致元朝土崩瓦解的农民领袖。他为朱元璋建立大明朝，推动历史发展，起到了不可估量的作用。徐寿辉虽然拥有数万缅怀故宋的忠义群众，以有组织的白莲教为号召，因而崛起于"万峰削翠，一径横天"的多云山中，只因目光短浅，一起兵便急于称帝，以致功败垂成。

据考证这位农民皇帝死后，以衣冠冢下葬于乌云寨脚下，寓意死后灵魂仍然回到儿时风景秀丽的乌云寨，现在其陵寝被列入文物保护名录。徐寿辉在中国历史上称帝十一年，曾经拥兵百万，南并江西北夺中原叱咤风云，气势盛极一时，威名震撼大半个中国。朝花夕拾天完功绩，俱往兮!那不过是天空中划过的一颗流星而已!

第十三篇　古仁墩竖孝子坊
德耀中华平安县

　　河铺镇北部有一个村叫古仁墩。按旧县志曰：因为地形像鼓，称"鼓儿墩"，后来改为古仁墩。古仁墩这名字寓意深刻，囊括仁义礼智内涵，道德守信。这里的"古"是指宋末至元代；"墩"是土堆也就是坟。就因为那里出了一个孝子吴大中。朝廷为了彰表他的孝德，为其建造了一座孝子牌坊和一座孝子坟。如今孝子牌坊和孝子坟已被罗田县人民政府列为重点文物保护单位。

　　让我们将光阴倒转到南宋末元初的某一天吧。"吁—吁—"，"踢踏踢踏"的马蹄声，把人们带回到七百年前的古仁墩：在通往古仁墩的崎岖山路上，朝廷翰林院、国子监的几位大夫学士们，正策马返回吴大中的守孝棚。之前在考察完吴大中的孝德事迹后离开时，吴躬身拱手相送并许诺："恩谢朝廷厚重，吾将跪拜送行三十里，以表愚衷。"现在一个时辰过去了，当官员们再次回到吴大中守孝棚时，无不被眼前的一幕所感动：吴大中仍然跪伏在地上……

　　是啊，河铺镇古仁墩村是罗田孝文化发祥地。吴大中的孝行感动天地人。话说宋理宗端平三年吴大中（1237—1319年）身为元朝翰林院待制封仪大夫，其父吴季益受文天祥派遣进山组织淮西六寨，是最后抗元的罗田知县，后又随义军一度在六安州任知州，兵败遁居，死后安葬在此地，旁边就是季益之子元初孝子吴大中墓。当地人怀念他们父子的忠义，称那村为古人墩（也叫古仁墩）。

遁居期间，吴大中为了让年迈的父亲安度晚年，全身心服侍他无微不至。父亲辞世后，他在父亲墓前搭盖草棚，率家人居住守孝，长达十七年之久。为父亲守孝期间，他尽心竭力地孝敬母亲。母亲若少进食，他减食以自罚；夏天为了不让蚊子叮咬母亲，他站在母亲房外，任蚊子肆虐自身；冬天为了不让母亲冻伤，他昼夜生火取暖。母亲九旬高龄谢世，他又继续在母亲墓旁守陵。

吴大中孝心远近闻名，乡里人无不传颂，被当朝翰林院待制封仪大夫兼国史编修官彭寅亮、国子监祭酒邓文原及翰林学士资德大夫曹郁知晓，于元朝皇庆元年（1312年）联名上奏皇上，后被元朝仁宗皇帝御封为"孝子"。1319年，吴大中与世长辞。元朝政府拨专款、派专人，为他御葬并修建了"吴氏孝子祠和孝子牌坊"。牌坊和祠堂两建筑为一体组成，四柱三间华表式的牌坊，留存至今。吴大中葬在独尊山下古仁墩村山河西侧，众人称那里为"孝子坟"。如今，那里只留下牌坊和墓碑，而现实生活中的孝子却遍布整个河铺镇。

孝为德之本，百善孝为先。河铺镇已成为孝德之乡，全镇借孝德之契机开展"十星级文明户"创建活动。为弘扬中华民族敬老孝亲的传统美德，推进河铺的精神文明建设。河铺镇在全镇评选出十大孝德之星。他们中既有年过花甲、二十年如一日守护高位截瘫的儿子和身患重度癫痫孙女的胡汉民夫妇，又有几十年无怨无悔精心照顾体弱多病婆婆的好儿媳陈英兰。

孝德是引领人们的指路明灯。商人诚经商善待顾客，用爱心去温暖社会上那些无助之人，能使那些不幸之人，忘掉生活中的苦涩，用爱心和善举，让孤苦无依的人获得心灵的慰藉。这就是人间大爱，敬老孝亲的道德精神！

也许是吴氏孝子的故事感动了乡邻，也许是身边的榜样为河铺镇群众树立了标杆。在河铺镇连续两届的"十佳孝星"评选中，在镇党委政府的引导下，全镇涌现出孝德模范上百人。全镇奉行敬老行孝的社会道德，社会秩序明显好转，这为河铺营造平安之镇夯实了良好的基础。

孝为德之本。它是由孝敬父母、长辈衍生而来，就是博爱，学会爱他人，爱人民，爱祖国，爱人类。河铺镇的"十大孝星"评选活动，将孝德文化引进校园和单位，尤其在学生中尊老、友善蔚然成风，孝德精神已渗透到千家万户。在孝星评选颁奖仪式上，时任县人大常委会主任卢国良同志和河铺镇原党委书记张卫兵同志专门为荣登"湖北先锋榜"，被省委宣传部、省文明办授予"荆楚楷模"荣誉称号的老村医严志宏授牌。肖汉华等一批困难家庭获得了孝德基金捐赠。敬老孝亲带动了全县的精神文明建设，全县先进典型层出不穷，彰显了和谐社会里的友善与关爱、和睦与宽容。

社会需要爱心，人类需要帮助。孝德深深植根于罗田每一个角落。吴大中的事迹虽然过去了近千年，但他的孝德精神永远激励着后人，还能感动一位精神病人。地处河铺、胜利、九资河交界的孝子坟旁边五组有位可爱而又受人尊敬的精神病人叫陈金平。陈金平自打十岁起患有严重的精神分裂症，无依无靠孤身一人，以讨米为生。2001年他讨米讨到胜利板桥，见一农院外放一个篮子，里面有一个襁褓中的女婴，他把婴儿抱回家，靠讨奶粉将婴儿养到刚满一岁。2002年就在他讨米再次来到板桥时，又有一个刚刚出生的女婴放在同一个地方。这位可爱的"疯子"捡回了第二个女婴。晓得这件事的人都说他真是个疯子，捡一个不说，捡两个。可想而知，一个正常男人要养活一个婴儿该是多么艰难！何况一个精神病人要养活两个婴儿，不得不令人敬佩这位伟大的父亲！从此这位父亲开始了他漫长的讨米生涯，无论天寒地冻刮风下雪还是暑热炎天，人们总能见到他用箩筐挑着两个婴儿，走街串巷讨奶粉和残羹剩饭。哪怕是过期的或是变味的，在这位父亲看来是最大的施舍和恩惠。不管怎么说，总还能填饱父女三人的肚子。记得有一次孩子肚子饿，他拿了邻居家孩子的一块饼干，惹得那位邻居三日不了四日不休，叔婶见状寒心极了。陈金平好不容易将两个孩子养到2005年，可"狂风专打下江人"，命运偏偏捉弄两个苦命的孩子。父亲没等到孩子报恩，在他48岁时英年早逝。幸好叔婶收留了两个孤儿并抚养到上学。陈金平没有给两个孩子留下半分钱的遗产，就连孩子的名字也是路人所赐，恐怕在他临死前也喊不出两个孩子的名字来。现在老大读育英高中，老二在实验中学读初三。苦命的孩子乖巧听话、讨人喜欢、人见人爱。尤其是老二，成绩很优秀，她的《那朵迟开的月季》和《我和我的煮雨老师》两篇作文，获得中学优秀作文奖。写到这里我的眼眶不知不觉地湿润了，对两个苦命的孩子的遭遇既同情又欣慰，也被这位崇高伟大父亲的善举而感动。对一个精神分裂、丧失记忆的残疾人还有怜悯之心而表示崇敬！让我们默默地为他祈祷吧。同时对那些弃婴的父母们不屑一顾。

"罗田好人"数不胜数。鄙人孤陋寡闻，不得不从网上照搬三位巾帼楷模的感人事迹。

64岁的妇女黄令园是平湖项家畈村民，自打19岁嫁到婆家后不久公公患肺痨，婆婆有风湿性心脏病，还有一位双目失明的"瞎姑"和患精神分裂症痴呆瘸脚的叔公，丈夫木讷弱智。一家六口五人患病的惨境并没有令黄令园灰心绝望，而是不离不弃，耐心细致地照顾身边的每个亲人。她把出嫁时从娘家带来的"眼泪钱"拿出来为公婆治病，细心照料瞎姑的饮食起居。瞎姑在屋内闷久了，她就驮着去五里路外的邻村"看"电影，还把电影里的故事情节讲给瞎姑听，让她开心。

每当精神分裂症的叔公病情发作打骂她时，她从来不计较，仍一如既往地侍奉叔公。为了这个苦难的家庭，黄令圆起早摸黑地劳作，任劳任怨，以自己的辛劳换得一家人的欢乐和温馨。老人纷纷地离她而去了，是她想方设法四处借钱买棺材操办丧事让老人入土为安。这位好人撑起了一片天，"送走"了公公、婆婆、叔公、瞎姑四位老人。塆里人都亲切地尊称她为"德姑"。

大河岸磙石坳村邓珍，女，32岁。2014年10月她的婆婆突然病倒了，待苏醒过来却全身瘫痪，生活完全不能自理。家庭生活和婆婆的治疗需要大量费用，丈夫和小叔子不得不外出挣钱，邓珍在家担负起照顾婆婆的重任。自婆婆病倒后，吃饭只能吃流食，她每天就变着花样单独为婆婆做饭。为了不使婆婆吃凉饭，她用一个小盆倒半盆开水，将饭菜放入盆内温着，一口口慢慢地喂。婆婆长年卧床不起，大小便失禁。有时一连几天不能大便，难受得在床上又哭又叫。是邓珍为她打"开塞露"，严重时不得不戴上一次性手套，一点点地往外抠，从不嫌脏叫累。为了补贴家用，邓珍在镇上的手机店打工，每天下班后匆匆忙忙地赶回家照料婆婆，安顿好老人后又赶往店里上班。虽然收入不高，但也为这个家尽到了自己的绵薄之力。

九资河镇黄石河村余碧琴，女，61岁。2013年5月，她的婆婆不慎将右腿股骨摔伤，从此落下了残疾。余碧琴主动承担起照顾婆婆的责任，每天为老人洗衣、喂饭、擦身子、端尿盆。常年痛风的丈夫2015年冬突然中风瘫痪在床。余碧琴一人照顾两个病人，每天早上5点多起床煮饭，叫醒丈夫后，帮他穿衣洗漱，然后搀扶他下楼练习走路。之后又赶忙张罗婆婆洗漱。她先将饭送给丈夫，然后到房里给婆婆喂饭，一口一口喂完后，自己匆匆扒上几口饭，洗完碗筷再到田里忙农活。晚上吃过饭后，她还要帮丈夫和婆婆擦洗身子、清理粪便、清洗衣物，等忙完上床时往往已是深夜。周而复始余碧琴累得骨头都散了架，但她从来不叫一声苦和累，单肩扛起家庭重担，却依然乐观向上。她用毅力和善良，战胜困难和不幸，用爱的坚守为家庭筑起了幸福的港湾。

以孝为重，以德为先，点亮亲情，感恩父母。三里畈镇张家冲丁氏家族算得上孝德楷模。丁氏家族尊老爱幼，全族八十多号人在丁际儒老人的带领下，尊老爱幼已成家风。无婆媳拌嘴，无弟兄纠纷，祖孙四代其乐融融。个个奉公守法、爱国爱家、履职尽责、与人为善。晚辈对老人毕恭毕敬，侍奉茶水饭菜细语低声。长辈对晚辈嘘寒问暖，和蔼可亲。年轻人爱岗敬业，热心待人。丁氏家族和睦一家亲，在十里八乡周边村镇被传为佳话。

中华五千年的文明历史，中华美德源远流长。孝德是人间大爱，夫妻和睦无处不在。古时九资河罗家畈就有一对"虚拟"的恩爱夫妻。相传徐凤冲一王姓人家与罗家畈桥头边一罗姓的人家，两家关系甚好喜结连理。两位媳妇同时怀孕，双方便指腹为婚。王姓生一女临到出嫁时，男友那天下午突然暴病身亡。女子听说后悲痛欲绝，当即手捧梓油灯，直奔罗家畈。她想如果路上灯灭，就说明缘分已尽。但神奇的是，从徐凤冲到罗家畈桥头边有二十几里路，那餐碟大的梓油灯从徐凤冲一直亮到罗家畈桥头边不熄。从此她就在罗家守寡，发誓再不二嫁。女子的行为感动了罗家人，罗家为了彰显她的高尚品德，为她树了一座五丈多高的牌坊。此事传到京城，皇帝听说后御笔赐"圣旨"表彰。这故事在当地至今被传为佳话，上了年纪的人无不知晓。但遗憾的是"文化大革命"期间，红卫兵认为牌坊是"四旧"的产物而把它捣毁，"圣旨"也不知丢弃到何处，就连牌坊遗址也不存在了。

德耀中华，"国无德不兴，人无德不立"。孝德在和谐社会里得以升华，孝德文化在罗田有着深厚底蕴，它就像绵绵细雨滋润着大别山南麓儿女的心田。我县借孝德文化的东风，创建"孝德罗田，好人之乡"。骆驼坳学堂村、梨树坳村在孝德精神推动下，开展"好儿媳""好公婆"十星级文明户评选活动，许多村组孝德文明约定俗成，已成为一股社会潮流。

罗田道德文明历史悠久，并经过了一代一代的发扬和传承。2009年10月24日、2010年4月4日两位从罗田育英高中走出去不久的英雄令罗田人和全社会感到骄傲和自豪。长江大学学子方招和他的两位同学在荆州勇救落水儿童，献出了年仅19岁的生命；19岁的王盼在上海街头赤手空拳勇斗歹徒，谱写了他短暂而又辉煌的人生。前任湖北省委书记李鸿忠赞扬他们："方招、王盼的英雄事迹，可敬，可歌，可泣，是社会主义思想建设的样板，是全省人民学习的榜样！"他们为十三亿人树立了道德丰碑，他们的英雄壮举诠释了中华民族的道德文明，他们无私奉献的精神会同大别山一样永存！

罗田育英高中既是培育高端人才的摇篮，也是道德文化的孵化器。从这里走出去的淑女余康颖是罗田的道德标兵、罗田的"最美女孩"。2016年3月22日下午，在县锦绣南城中央街，一名拾荒的老汉突然昏倒在地人事不省，路过此地的红衣女孩余康颖见状后，连忙下车跪地给老人按压肺部，紧急施救。还不时将手指伸进老人嘴里将老人嘴里的痰抠出来。令围观群众意想不到的是，她用手扳开老人嘴巴，凑上自己的嘴，口对口给老人做人工呼吸。对老人进行了近40分钟的抢救，她累得大汗淋漓、满脸疲惫，围观市民无不为之动容。虽经最大的努力，令人惋惜的是，这位老汉终因抢救无效撒手人寰。尽管老人不幸离世，但周围群众对余康颖的善举无不交口称赞，无不为之感动。她的事迹在罗田家喻户晓，她堪称"最美女孩"！

罗田人的文明素质逐渐提升，道德之星层出不穷。公安战士孙斌、吴帆面对肇事者临危不惧徒手夺刀，避免了一场流血事件。他们用自己身躯换来了社会的安宁，人称他们"挡刀哥"。自强不息爬行奇人晏庆舟、对苦难家庭不离不弃的大学生媳妇黄文凤等，他们是罗田的道德标兵。罗田连续五年荣登湖北省孝德之星榜、好人榜、楷模榜、道德模范榜！

县委书记汪柏坤同志在创建"七个一"的活动中强调：要建设一面孝德文化墙、开设一堂孝德文化课、组建一支孝德宣传队、打造一批孝德教育基地、召开一次孝德评议会、选树一批孝德先进典型、组建一支孝德服务队。

罗田早年被评为全国平安先进县，三里畈镇、九资河镇属全国文明镇。2016年罗田又被评为"湖北孝德文化之乡"。县委借孝德文明之契机，着力提升全民的道德素养，广泛开展十星级文明户、好公婆、好媳妇、好丈夫、好邻居和身边好人等评选活动。一场弘扬正气、树新风，传承中华民族优秀文化、传统美德的热潮席卷全县每一个角落。全县广大干部群众为创建平安罗田，心往一处想，劲往一处使，在矛盾中求和谐，在困难中求发展，在危难之时见友善。遇到丑恶和不文明行为敢于揭发，敢于挺身而出，扬正驱邪，形成风清气正、干事创业、和谐发展的良好态势。喜啊！在河铺镇孝德活动影响下，在吴大中孝德事迹感召下，全县已形成和睦、友善的社会风气，孝行罗田，誉满罗田！

第十四篇　休闲度假塔山城
丰太洗尘宿天源

　　说到旅游无非就是：食、住、行、游、购、娱。尤其食，是人的第一需要，其次是住。游客们曾下榻过许许多多的星级酒店，体验过各式各样的度假村。来罗田登山、吸氧、戏水，赏花、观景、品农家美食，同样会给你提供舒适优雅的住宿环境。不妨来罗田一方山水走一程。

　　一方山水·塔山城背靠塔山，面朝湖水，山水相映名副其实。从武英高速罗田第一个出口处，直行不到4公里可直达塔山城，旁边还是罗田的行政新区。

　　一方山水·塔山城本着超前的规划理念，建筑造型别致，不同凡响，构成城市未来中心，在鄂东地区的度假休闲场所中首屈一指。它占地面积800亩，总投资近十亿，设有广场百货、五星级酒店、美食中心。这里地理环境非常优越，自然条件好，青山绿水环绕，接塔山之灵气，览凤山之神奇。站在楼前能仰望玉屏塔、看到清元寺。清晨可登玉屏塔观景，呼吸山中的清新空气，聆听百鸟争鸣，坐在房中能鸟瞰清波粼粼的塔山湖，它是罗田美丽山城中的一颗夺目的明珠。

　　塔山城别具一格，核心部位就是那条宝塔街，它是名副其实的塔山公园

景观步行街。在宝塔街中可品尝山珍海味，能体验娱乐新天地、鄂东时尚夜生活。塔山城内的一方山水凯莱大饭店是罗田唯一的五星级国际大酒店。其为中式设计，外观构造极具现代化，取意雄鹰展翅，气势磅礴。内设有近300间豪华标准间套房，还有可容纳千人的超大宴会餐厅以及多功能厅，能举办婚庆喜宴，能满足各类会务需求。还有全日制餐厅、休闲茶座、行政酒席以及健身房、瑜伽馆、游艺部、桑拿区、夜总会等，吃喝玩乐应有尽有。凯莱商务酒店有酒吧、音乐茶座、水会SPA等，适合驴友自驾、情侣双栖，是居家旅行最好的休闲场所。

美食中心是一方山水·塔山城的最经典部位。建筑面积一千平方米，设有中式餐厅、西式餐厅、大小宴会厅、特色包厢，可同时容纳千人就餐。有手艺精湛的厨师班，专攻南北美食。既有本土的传统美食——罗田吊锅；又能品味京、潮、川、湘多地美食；同样也能吃上意大利的比萨饼、英国的三明治，还有那北京的全聚德烤鸭、潮汕海味等。不到一方山水·塔山城，你会觉得惋惜。因为这里地处繁华市区，景色迷人，环境优雅，动中有静，空气清新，山水相映，是旅途、休闲的最佳驿站。

驱车从武英高速往罗田方向左拐上麻阳高速，在第一个出口处下行三公里或者下大广高速，来三里畈温泉度假村，在这里告别饥肠辘辘，补充给养，放松身心，蓄势待发。

湖北丰太投资控股集团开发的三里畈温泉度假村自2015年5月开村以来，名声鼎沸，各大媒体把它炒火了。然而炒作归炒作，度假村也的确是真材实料，可以货比三家。它在鄂东北旅游服务业中鹤立鸡群，是罗田旅游产业的驰名招牌之一！

三里畈温泉度假村具有国际"范儿"，属全省顶级旅游驿站，在全省大腕级酒店和度假村中同样能排上座次。因为在这里一可泡享温泉；二可玩沙雕、骑沙滩摩托；三能品尝山珍海味、农家菜。还有最具特色的天然氧吧，可乐享大自然的清新。游客进村门前有靓女迎宾，村内服务周到，现代化设备至臻，入村觉得进入了天国乐园。

温泉度假村交通便利，道路四通八达：东临罗田县城，北通胜利、安徽和河南，西南贯通麻城；大广、麻武、武英三条高速均以三

里畈为轴心。从团风入境新桥，前行不到两千米，东面映入眼帘的是古香古色的门楼——巴河古街别有风韵。门内藤缠古树，景色宜人。林荫道幽通曲径，行至尽头则是大别山国际温泉度假村。顺着那条古街前行，通过一条约千米长、九米宽的绿色长廊，扑鼻而来的是浓郁的田园清香，长廊两旁名贵的广玉兰散发出的香气沁人心脾。道路外是绿色的庄园，小楼依山傍水、错落有致、和谐宁静、花木成荫。汽车沿着小溪前行，穿过苏式小桥至温泉度假酒店，即到达度假区的主题中心。

迎宾的帅哥走到车前，彬彬有礼向您致敬！打开车门下车后你会不由自主地来到小溪旁边的亭中坐定，优哉游哉地观看清澈潺洄的溪流碧波盈盈，岸边绿草如茵。你还可欣赏到朱阁青楼、造型别致的建筑、新颖的浮雕和整个大别山国际温泉度假村的外景。踱步酒店四周，再越过一道小桥，看近百亩的格桑花竞相绽放，姹紫嫣红，五彩缤纷。极目远眺，清澈的巴河水浪，波光粼粼，潮涌潮汐，漫无边际的金沙尽收眼底。且奇！那些能工巧匠们将一盘散沙塑造出千姿百态、形状怪异的沙雕，惟妙惟肖。富丽堂皇的建筑鳞次栉比。看到这碧水金沙、风光旖旎，不禁油然感叹：

拂柳观潮看金沙，亭台楼阁无须夸。

养生戏水观奇景，五彩缤纷格桑花。

笔者只将这外在形态作一番艺术点缀，真正的内涵，还得亲自去体验啊。三里畈国际温泉度假村，它位于罗田三里畈镇温泉村，是由湖北丰太投

资控股集团有限公司巨资兴建的，占地面积2200亩，是集养生温泉、金沙河滩、湿地公园、田园休闲、马术中心、户外拓展于一体的大型综合旅游服务区。

当你觉得身心疲惫，不如到温泉度假村给心灵放个假。这里有星级酒店、商务旅馆、温泉水疗中心、水上欢乐世界、高尔夫俱乐部、山地马术俱乐部、演艺文化广场、低密度高级花园洋房和薄刀峰深山旅游度假村等。

一位外国朋友看了三里畈国际温泉度假村简介，听说到罗田旅游，竟兴奋得手舞足蹈："OK! I want to take a hot spring bath."部分国人听不懂这话的意思，但无须翻译就知道离不开"温泉"二字。温泉既是三里畈镇的招牌，也是罗田的一张柬帖。三里畈温泉泉水晶莹，无色无味，自涌水温在70℃以上，水质纯净，属中性硫酸氯化钠型水。丰太集团依托温泉资源，大做"水文化"文章，推行第六代活力养生：将科学的养生理念，融入活力养生、情趣养生。在这优越的环境和高品位的生活中亲身体验这人间的伊甸园，冀望朋友携带家人、好友来此共度天伦。

温泉服务区分设四大区域：名人养生区、美颜养生区、高氏养生区、中药养生区，并有巴黎情人浴、保健药浴、水晶浴以及鱼疗。桑拿保健浴器（太空舱）将中药酒加热转换成蒸汽，通过毛孔胀缩使蒸汽进入体内。海盐浴用深海盐水加牛奶软化污垢，补充身体盐分和矿物质使之达到皮肤丰润白嫩的目的。水晶浴以及鱼疗：鱼疗是利用温泉水里的小鱼啄食人体表面细菌和老化皮质，以促进血液循环；水晶浴则是用胶原蛋白使皮肤细腻粉嫩，补充所需的蛋白质。闭上眼睛，温暖的泉水带你走向舒适的异度空间，尽情地享受温馨的舒适之感，除去一整天的忙和累。

度假村已打造出国际化温泉养生品牌、国际化会议品牌、国际化乡村旅游品牌，并致力于将单项旅游项目向集群方向发展，率先引领一种养生、低碳、乐活、新型的绿色生活方式。度假村拥有全套配套设备，按照国家五星级标准建造，内部装饰豪华，雍容华贵；酒店功能齐全，拥有豪华标间、单间、商务套房、复式榻榻米、豪华总统套房、特色汤屋客房共计265间，628个床位，配有大型会所及休闲、娱乐和健身等设施。采用简约的中式风格，三千平方米的用餐区域包括有大型中西式餐厅，厨师手艺精湛。酒店设有超强商务功能的会议室和休闲厅，休闲厅内设棋牌室、卡拉OK厅、观影厅、按摩房、水疗房和足疗房等，一应俱全。你还可以在超大空间的室内温泉游泳池内尽情畅游。

你闲情逸致时还可以带家人和宝贝乒享亲子沙雕，骑沙滩摩托车，打沙滩排球，甚至全家人亲手将河沙塑造成奇形怪状的沙雕，总之这里能让你全方位享受沙滩盛宴。

丰太投资控股集团不仅在三里畈经营国际温泉度假村，而且还将薄刀峰4A级景区纳入度假休闲范围之列。在海拔1400米处设有度假酒店，内有豪华套间210间。鹤皋古街内设购物中心、鹤皋美食城、梦幻阳光坊、圆梦演艺中心。

罗田天源大酒店（天蓄大厦）位于万密斋大道88号。对面是风景秀丽的党家山公园。酒店出门往右直行是江夏大桥，往左是义水外滩。门前右拐100米过山隧道。也可以穿过隧道去城北公园、红枫广场溜达，览胜沿途风景。酒店主楼高12层，附楼高3层，有客房80间（套），酒店级别为准三星。大型餐厅可同时容纳500人以上就餐，一支庞大而手艺精湛的厨师队伍，兼具南北美食和本土菜肴的手艺。当你看到那餐桌上橙黄色的板栗鸡汤、双面黄松松的火烧粑、绿油油的农家菜、香喷喷的烟熏火腿肉……满桌色鲜味美，还有一壶滚烫的老米酒，让人情不自禁垂涎三尺！

天蓄大厦由央企投资兴建，房间设施高档、宽敞、中央空调温度宜人，房间热水加压给人冲浪般的激情。酒店员工均通过省级培训，持证上岗，具备高素质和一流的服务水平。酒店服务宗旨是：旅客的满意是酒店的荣幸。天源大酒店空气清新、环境安静，集食宿休闲于一体，夜晚边吃夜宵边观赏义水外滩夜景，还可融入那河边的跳舞群。

罗田沿途还有数不清的宾馆酒店，诸如大别山宾馆、皇朝大酒店、金源大酒店、东福大酒店、罗马度假村。城东还有环境优雅、依山傍水的碧水山庄；再前行几里就是"哥俩好"农家乐，环境幽静，可在大树底下自娱自乐，餐桌上的贡米饭香味正。各个乡镇星级酒店如云，农家乐不胜枚举。无论在哪都能尝到可口的美食、天然的野菜和山泉沏出的香茶，让人沐浴浓浓的乡情！

朋友，到天堂寨、薄刀峰旅游可从武英高速罗田第二个出口处下，至大河岸石井头，或从城东到景区来到大河岸桥头。此时已日上眉梢，鞍马劳顿，饥火烧肠，不妨到"石井小苑"（"太公之家"）稍作休整，给养"加油"，解决后顾之忧。顺便观览胜境"石井葵花"或到河西医圣老家观看芍药花，弹弓尖山中还有一架仙舟，有道是：

　　齐国元勋姜子牙，　云游吴楚避风沙。

　　仙舟隐泊弹弓尖，　石井河旁钓鲤虾。

古时这里曾经是姜子牙钓鱼时下榻过的地方，所以称"太公之家"。石井小苑热情周到，想取茅台、五粮液款待贵宾，因难于找到司机代驾，只得给来客奉上一杯"石井头茶"。吃几根肉串，品几只河虾，来盘农家炒肉，吃碗贡米饭提神解乏。沾点仙人的气息，神灵会护佑您洪福齐天，布帆无恙，平安抵家！

第十五篇　茯苓天麻人参果　楚乡米酒吊锅鲜

朋友，到罗田旅游还得了解罗田美食，否则对罗田只是一知半解。茯苓、天麻、人参果、吊锅、楚乡酒样样名扬天下。让我们开启"逛吃"模式。先听听那首关于美食的打油诗：

楚乡四溢赢国际，茯苓祛湿又健脾；

炉旁烫饮老米酒，独爱板栗炒仔鸡。

罗田脍炙人口的美食可多着啰！提到罗田美食会让那些食客自然而然馋涎欲滴。还是先呷一口楚乡茯苓酒解解馋，再听下回分解。楚乡茯苓酒1989年就获得国际博览银质奖章。湖北楚乡酒厂始建于二十世纪五十年代初，有近70年的历史。酒厂位于罗田县凤山镇义水河畔，经济开发区大别山大道189号，拥有固定资产上亿元，现已建有5个分厂，有白酒、酒精、大曲、滋补酒、果露酒、汽水、纸箱、矿泉水等8条生产线。

罗田"楚乡牌楚乡酒"，色清透明、清香纯正、醇甜适口、窖香浓郁、回味悠长，属湖北名品酒。自1982年以来一直蝉联湖北同类产品第一名；1984年至今，年年荣获湖北省优质产品称号；从1991年起连续五届荣获湖北消费者满意金杯奖；1997年获得湖北省工业精品名牌产品展销会金奖、第二届国际食品博览会国际名牌酿造品荣誉称号。楚乡酒厂经过搬迁改制，酿造技术革新，现名为湖北楚乡酒业有限公司。公司保持国际品牌的荣誉，转变思路开拓进取，在品质上做文章，利用东坡、白龙两井之甘露和大别山泉，酿造出的楚乡王酒，淡雅清香，入口绵、落口甜，芳香四溢，喝下之后余味悠长。并利用茯苓的祛湿、健脾、利尿、消肿等药效，生产出"九资河茯苓酒"，既可药用又是极佳饮品，而且味道甘纯有强身健体、防癌抗癌之功效，深受广大消费者钟爱。如今"九资河茯苓酒"和"楚乡王酒"不仅省内畅销，而且销往北京、上海、广州等各大城市，并通过互联网走向国际市场。

罗田人的家常白酒是"楚乡王"，招待朋友习惯用吊锅。随着生活水平不断提高，人们偶尔也品一品轩尼诗、人头马和国酒茅台、五粮液。当你再喝胜利老米酒，满口清新爽心脾。凡喝过胜利老米酒的人难忘它的醇厚甜美，一脉清香。老米酒源自哪个朝代无从考证，也无从说起。它的品种繁多、口感各异。农家人将糯米蒸熟，在甜米酒的基础上加上配料做出女儿红、桂花香、状元醉等鲜香醇厚的老米酒。老米酒不含任何化学元素，与其说是酒，不如说是纯天然饮料。它具有通筋活血、健脾化淤之功效。因之冬季农民自家起兴或逢年过节家家用它都适宜。久而久之它就成了农家陪客餐桌上或吊锅边的佳酿。"多喝少喝不醉人，止渴生津不伤身"，这句话已成餐桌上的劝酒词。现在可好，老米酒不仅风行整个罗田，而且还用来招待省外的远道而来的客人，已成为宴请、踏青、访友餐桌的上等饮品。

体验罗田美食文化，听听那句有趣的民谣"老米酒，蔸子火，除了神仙就是我"。胜利老米酒在鄂东地区无人不知，无人不晓。抗日战争时期，国民党第五战区司令长官李宗仁尤其喜欢喝胜利老米酒，还给一家老米酒作坊赠送了条幅："糯米酿得春风生，琼浆玉液泛芳樽"。他将胜利老米酒比作"琼浆玉液"，一点也不过分，刻画出了老

【吴美莲　提供】

米酒的品质和内蕴。罗田老米酒主产区出自胜利。胜利老米酒之所以出名，是受气候条件水源的影响，并以优质糯米为原料和独到的传统工艺酿制而成。

有老米酒自然就会有吊锅，罗田吊锅遍布每一个角落。人们每逢天气变凉就开始生炉火上吊锅。火塘边煨上大大小小老米酒壶，边品老米酒边吃锅里的土菜，确实是一种享受，有似神仙过的日子。罗田吊锅是山里人在以前长期生活在高山密林中因交通不便、物质匮乏的特殊年代遗留下来的产物，是一种独特的餐饮方式。追溯它的历史，最少也在千年以上。在漫长的冬季，山民们一边在火塘边取暖，一边在桁条上悬一个可以上下升降自如的木质滑钩，下吊一铁锅。吃饭时将家常菜放入锅里吃熟菜热菜。有客人来就用南瓜笋、干豇豆垫底，再把鱼丸、肉糕、烟熏腊肉、尿巴豆腐、鸡汤糍粑、野猪肉、板栗、竹笋等珍品菜肴往上加。看起来是一锅大杂烩，花样繁多品种各异，经柴火一煮，各种味道相互渗透，掺和在一起营养极其丰富，与舌尖相遇，触动心灵，吃起来别有一番情趣。

吊锅是罗田的特色美食，而且种类繁多诸味纷呈，如土鸡、羊肉、牛肉、狗肉、野猪肉吊锅等。此外还配备有各类菜肴：腊肉、蹄花、肉糕、腊鱼、芋头元子、白萝卜、海带、平菇、炸豆腐、粉丝、野菜、竹笋、猪血、糍粑……甚至还能吃到既美味又能防癌抗癌的马齿苋扣肉、松菇素肉汤、狗舌、雪花粑等。食客根据口味，各取所需。吊锅不仅是罗田美食一大亮点，而且风靡全球。这种民间独创的生活方式，如今走出了国门迈向世界，成为国家非物质文化遗产。罗田吊锅堪称世界一杰，2015年一个直径5米、高3.5米的铜制大吊锅在罗田余三胜广场亮相。吊锅内烹饪300多种食材，而且是原汁原味的绿色

China Famous Dish
罗田县胜利吊锅城
罗田胜利吊锅
（CCA-C300419）
中国烹饪协会
China Cuisine Association
有效期：二O一五年十一月至二O一八年十一月

农家菜，味道纯正，包括板栗、土鸡、野猪肉、黄牛肉、咸鱼腊肉等，可供近两百人食用。吊锅总重达3吨，经上海大世界吉尼斯中心认证代表现场检验后，颁发"天下第一吊锅"证书，荣获吉尼斯世界纪录的称号！

罗田吊锅尤以胜利吊锅独树一帜。吴美莲带领的美食团队常出新招、创新意，口味不断更新，给人留下一种味觉思念。凡吃过胜利吊锅的客人都赞不绝口，而且回头率特别高。胜利吊锅获得中国烹饪协会荣誉证书。吴美莲经营的胜利吊锅，除城区三家外，全县遍地开花，无论是景区还是乡镇都能吃到胜利吊锅。

罗田板栗甲天下，罗田也因此被誉为"栗之都"。板栗在罗田美食中也

排上了重要座次。板栗既可当主食又可作下酒菜。无论是生吃，还是糖炒，都是大人小孩喜爱的上等果品。尤其是板栗成熟季节，小孩从栗园捡回的板栗，放火塘烧熟后，吃起来别有乐趣。罗田是全国"板栗之乡"当之无愧。罗田气候温和，风向适宜，阳光充足，河流交错丘陵甚多，土壤pH值在5~7之间，偏微酸性，团聚性适中，尤其适宜板栗、茯苓、天麻和各种农作物生长。罗田板栗遍布全县各个乡镇，名称多样、质地优良，按季节分早、中、晚熟七个品种：六月暴、羊毛栗、桂花香、中迟栗、红光油栗、乌壳栗、九月寒。主要以色泽口感来区分，尤其是桂花香、中迟栗、红光油栗产量高，质脆味香，光泽诱人。县志记载明末清初，罗田板栗曾远销美国、日本、加拿大、马来西亚等国家。民国时期战事频发，百姓民不聊生，惶惶不可终日，朝不保夕，也无心种植板栗，导致板栗一度生产经营衰退。

中华人民共和国成立前曾经有位经商者到广州做板栗、茯苓生意。外地

人根本就没见过板栗，更不知道板栗的实用价值。这位生意人到了广州手里的盘缠所剩无几，卖茯苓的钱还不够交房租，百十麻袋板栗无人问津。店老板人还算厚道，就是脾气有点倔，不过是个吝啬鬼，天天催房钱。板栗卖不出去，板栗商人急得团团转，几天后便卧床不起。店老板恐防不测，又怕丢了房钱。于是替他请来一位年长的郎中号脉。老中医便给他开了四剂中药，用"人参果"做药引，花了五块大洋。药取回之后，店老板再三叮嘱他："这药挺贵哈!光药引子'人参果'我就花了两块大洋呐。"这位罗田老乡出于好奇，看看"人参果"到底是个啥东西，打开一看，见是一颗板栗，便把它丢到嘴里当水果吃了。店老板见状气得大声嚷嚷："好个不知贵贱的东西，那是人参果啊！"罗田商人一听此话，病情立马好转。顿觉精神抖擞说："我本来就是做人参果生意的，难道你没看见放在仓库麻袋里的全部都是人参果吗？"从此，板栗在当地一炮走红，"人参果"的美名就这样传开了。

据李时珍说："其壳生黄熟紫，壳内有膜裹仁，九月霜降乃熟，其苞自裂而子坠者，乃可久藏，苞未裂者易腐也。其花作条，大如箸头，长四五寸，可以点灯。"北宋宰相苏辙称赞板栗诗云：

　　老去自添腰腿病，山翁服栗旧传方。

　　客来为说晨兴晚，三咽徐收白玉浆。

罗田板栗含有丰富的淀粉、蛋白质、脂肪、钙、磷、铁以及多种维生素，如维生素A、维生素B、维生素C等，印证了人们那句口头禅"人参燕窝有营养，不如板栗炖鸡汤"。罗田板栗被奉为营养滋补品，也是餐桌上的美味佳肴。板栗炒仔鸡味道独特，经常有人开玩笑，用它调侃那些老少夫妻："老夫配少妻，板栗炒仔鸡。"这话其实是一语双关，说明板栗炒仔鸡好吃，同时那老夫少妻搭配在一起别有一番情调。

罗田板栗不仅享誉世界，也是罗田支柱产业。家家户户都种板栗，少则百十斤多则几万斤。每逢板栗收获季节，栗农怀着无比喜悦的心情，挑着篮子，扛着竹竿，聆听手机播放的那首《打板栗》，伴着悠扬的歌声，走遍山头田舍，喜迎一个好收成。板栗市场更是人山人海热闹非凡，场面不亚于北京的新春庙会。卖板栗的人流一茬接着一茬，店老板个个忙得不亦乐乎。购板栗的商人一个接着一个，拉板栗的大货车一辆挨着一辆。

查阅罗田板栗发展史可知，春秋战国之前就有人种植板栗，距今已有几千年。《黄州府志》记载："罗田板栗人工栽培始于公元1501年即明弘治年间，至今已有490多年历史。罗田板栗经过长期自然进化与淘汰，已形成抗病型的优良品系，以其优良品质而鹤立于世界之林。"

近年来，罗田板栗产业在不断发展和壮大。平湖黄家塆村被湖北省农科院命名为"板栗母本园"。河铺八里畈是湖北省农科院在建的板栗公园。板栗声誉的扩大，引来不少外国专家的浓厚兴趣。美国奥本大学教授洛顿亲自来我县考察，发表感慨说，罗田是"世界板栗的基因库"。日本专家成坂光弥在罗田进行板栗技术交流。他们将罗田板栗推向了世界市场，大大地促进了罗田板栗产业发展，也激活了罗田的板栗市场。正是由于专家和技术人员的努力，罗田才戴上"罗田板栗，全国第一"的桂冠。罗田板栗远销欧美、非洲及日本、韩国市场。

春华秋实，春天栗花香遍罗田，秋天栗果露出笑脸。全县共有板栗面积100多万亩，板栗主产区有大河岸、河铺八里畈、平湖黄家湾、凤山北丰、大崎毛田一带。罗田大部分农户靠种植板栗致了富，他们用板栗换回了汽车、家具。大河岸方荣华是板栗大户，全靠种板栗发了家。河铺八里畈村周厚成荣获"板栗科技示范户""板栗产量第一户"的称号，县委、县政府专门为他们授荣誉证书，佩戴红花颁奖。一位县领导在颁奖会上赞扬那些板栗种植大户致富时讲："（板栗）低产变高产，（住房）平房变楼房，（家庭）贫困变小康。"如今板栗已成为罗田风景线，外地游客可亲自尝试打板栗。同时罗田还生产出系列产品：板栗罐头、板栗饼、糖炒板栗、速冻鲜板栗等。

罗田既是栗之都，还是茯苓之乡。茯苓可食用亦可入药。茯苓为多孔菌科，真菌茯苓的干燥菌核。喜欢排水良好的东、南、西向10～25°的山坡。7～9月为采挖季节，挖出后除去泥沙，摊开堆置"发汗"晾至表面干燥，反复"发汗"，使内部水分蒸发后阴干，称为"茯苓个"。或将鲜茯苓按不同部位切制阴干，分别称为"茯苓块"和"茯苓片"。古人看到茯苓长在老松树的根上，便以为它是松树精华所化生的神奇之物，称它为茯灵、茯神或松腴。明代大医学家李时珍曰："茯苓，作伏灵。盖松之神灵之气，伏结而成，故谓之伏灵、伏神也。"《仙经》言："伏灵大如拳者，佩之令百鬼消灭，则神灵之气，亦可征矣。俗作苓者，传下有伏灵，上有菟丝，故又名伏兔。或云'其形如兔，故名'亦通。"

茯苓属名贵中药材，味甘、淡，性平。主要用于治疗水肿尿少，痰饮眩悸，脾虚食少，便糖泄泻，心神不安，惊悸失眠。近年来医学研究发现，茯苓还可提高人体免疫功能，有防癌抗癌之功效。茯苓可降血压，能使平滑肌收缩振幅减少，张力下降。茯苓可影响体内新陈代谢，对电解质的平衡有调节作用，并能降低血糖，调节毛细血管的通透性。曾经有位老中医常哼一首小曲：

茯苓仙意松木生，天地育出菌族群，

键中宁心兼祛湿，久服延年黑发生。

这首小曲介绍了茯苓的功效。

茯苓在中草药中属珍品。早在明永乐、宣德年间（1403—1426年）郑和下西洋曾将茯苓带到国外。清乾隆三年九资河茯苓正式挂牌出口。清朝慈禧太后为了保养身体，令御膳房制作茯苓饼供膳，并以此赏赐王公大臣。从清朝到民国，九资河茯苓畅销武汉、广州、上海。货到汉口岸时，茯苓商见到九资河招牌，抢先招揽，货到即销无积压，价格拔高。九资河茯苓国家地理标志产品，名扬世界各国。它质量好，药用价值高。早在1914年美国旧金山万国博览会上就获得了金奖。2004年通过了GAP认证。九资河也是中国茯苓GAP种植示范基地，还引进了湖北惠涛九资河药业公司。国内部分地区也有种植茯苓，唯独九资河茯苓品质与众不同，这取决于地理因素：九资河平均海拔600多米，山多林密，松树资源丰富，三分黏土七分沙的土质，山势多是避北朝南，阳光充足，气候温和，最适宜茯苓生长。据说民国初期李士照种的一个茯苓，形如人体，五官、四肢俱全活像一尊菩萨，于是称它"茯苓菩萨"，还放在堂屋神龛上供奉。更有甚者，九资河罗家畈陈氏家族将一个长约五十多公分的大茯苓，雕刻出四肢、五官和菩萨一模一样的"茯苓佛像"也是放在堂屋神龛上当菩萨供奉，祈福来年茯苓丰收。"文化大革命"时认为该佛像是"四旧"产物于是被销毁。

　　九资河茯苓神奇，如果与天麻一起那就是锦上添花。天麻能治疗中风偏瘫、筋骨疼痛、用脑过度、神经衰弱、头痛头晕等。天麻主要生长在薄刀峰三省垴，天堂寨深山老林里偶尔能见到。随着经济的发展，九资河人借助得天独厚的自然优势培植天麻，现已成为"天麻第一镇"，年产天麻上万斤。如今茯苓、天麻这对"孪生兄弟"已成为人们日常生活中不可缺少的营养品。人们不仅把它们当滋补品用，而且还作为上等营养品馈赠亲朋好友。用九资河茯苓、深山老林的天麻，放上"人参果"一起用微火久煨，不亚于太上老君的仙丹，食后益寿延年。

第十六篇　十里荷塘十里画
白莲河水上月山

　　夏天从浠水跨进罗田的南大门，视野中一片硕大的荷塘尽收眼底。荷叶露滴轻声响，淡香扑鼻溢芬芳。微风吹过，一股淡淡的清香扑鼻而来，我闭上眼睛，无限贪婪地吸了一口气，心情格外舒爽。地处罗田南部的那个行政乡与浠水一桥之隔，那就是白莲乡。它是依着白莲水库，仗着白莲河而得名的。

【贺正旺　摄】

　　早在明朝嘉靖年间"石险横江"就被誉为罗田八景之一。那其实就是指的白莲河。白莲河对面是浠水县，浠、罗以河为界。自二十世纪六十年代初，浠、罗两县共同修建了白莲水库。这下罗田、浠水两县人更亲热了，傍着河共同享用水资源。除发电之外，还兴渔业，便交通，大利农业灌溉和开发旅游。新世纪罗田还在月山上修建了抽水蓄能发电站，白莲乡成了综合经济开发区域。甚喜的是，随着国家"三农"事业和美丽乡村创建热潮，白莲才得以正名——"十里荷塘"名副其实。十里荷塘成为白莲的形象，成了白莲乡的名牌标记了。白莲耀眼，白莲吸情，这瓣"莲乡"成了罗田人之自豪和骄傲！

　　那么，为什么说白莲乡现在正名了呢？这得从白莲河的历史渊源说起。

傲劲，既然没有莲花，何不造就一片十里荷塘？白莲河乡终于在扑朔迷离之中找到了破解无莲问题的答案：搞特色产业，通过招商引资和外地客商共同投资开发这片热土。打造出"十里荷塘"这块抢眼的招牌，它给白莲河带来了生机。白莲人腰杆硬了，底气足了。白莲有莲花，致富有希望。再也不怕别人嘲讽白莲无莲了！如今的"十里荷塘"比天堂寨美，比薄刀峰阳光。它为描绘"诗画罗田"这本"画册"而添彩涂鸦，展现罗田"北有画廊、南有荷塘"的靓丽风光！

荷花不仅仅是因为它体态优雅动人，其品质"出淤泥而不染，濯清涟而不妖"。它能在污浊环境中洁身自好，亦能对那些博弈在商业经济大潮中的贪得无厌、利欲熏心之人予以警醒，净化其心灵。

清明过后某一天，朋友邀我去白莲，路过十里荷塘时我被眼前的场面吸引住了。我不禁想起诗人杨万里的那句"小荷才露尖尖角，早有蜻蜓立上头"。颜色艳丽的蜻蜓在空中自由自在地飞翔。荷塘中站立着几只白鹤，目不转睛地注视着湖中的动静。大自然生机勃勃，顿觉神清气爽。

夏日清晨，晶莹剔透的露珠在翠绿的荷叶上晃荡，阵风吹来，像断了线的珍珠往下落。荷叶丛中露出的花蕾像西施亭亭玉立，欲语娇羞。荷塘像绿色的海洋，伴随微风送来缕缕清香，沁人心脾，令人陶醉，心境豁然开朗。"接天莲叶无穷碧，映日荷花别样红"，水出芙蓉，有的白如玉，有的粉似霞，妩媚清雅。这景色就连燕儿谷里的花仙子们与之相比，也会触目伤怀貌似无颜。湖面上嫩绿的荷叶，烘托出朵朵芙蓉，形似少女粉红的面颊。含苞欲放的花蕊耷拉着脑袋，像羞答答的维纳斯。2700亩荷花竞相绽放，皎洁无暇。十里荷塘俨然就是一幅映日荷花美景图，配以亭台楼阁、桥榭廊汀，与大自然融为一体。那亭台桥汀的倒影，映在湖中更显荷塘韵味无穷而桃羞杏让。观光览胜的游人个个赞不绝口，一位年轻美貌女游客见到这般景色，竟脱口而出："How beautiful the flowers！"另一位武汉女游客："环境蛮好，荷花好看，感觉清爽；荷花有白色的、粉红色的，让人看上去很舒服，在炎热

的夏天还带有一丝幽情和
清凉……"嫩绿的枝条托
着圆盘，荷叶迎风似乎在
向来人招手，含苞待放的
花蕾似乎向宾客点头。自
古至今诗人、画家无不对
荷花情有独钟。明朝诗人

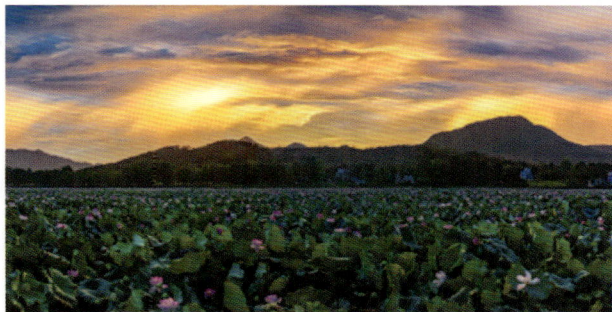

【贺正旺　摄】

贡悦在《画莲》中叹息画不出荷香：

朱颜碧墨放池畔，舞袖挥毫对玉莲。

尽态极妍宛若生，一脉幽香把君难。

朱自清在《荷塘月色》中写道："叶子出水很高，像亭亭的舞女的裙。
层层的叶子中间，零星地点缀着些白花，有袅娜地开着的，有羞涩地打着朵
儿的；正如一粒粒的明珠，又如碧天里的星星，又如刚出浴的美人……"

荷塘的工人划着梭子形的小船，悠闲地哼着歌，偶尔跳入水中踩起莲
藕，洗净后莲藕像白胖的娃娃，咬上一口，脆甜而藕断丝连。十里荷塘生态
产业园除了旅游观光之外，还以莲籽加工和莲花种植、莲藕销售等灵活多样
的经营方式并掺杂生态旅游元素，激活了白莲河乡经济和旅游市场。加上游
览观光廊道、观赏亭等旅游基础设施的点缀，这里逐渐成为游客赏心悦目的
休闲游乐场。荷塘现已有休闲亭5个、竹屋13间、观景平台2座。另有苗圃基
地盆景园、农家乐、水上娱乐园、人工沙滩和娱乐休闲设备一应俱全。

月山是极富传奇色彩的名山，据郑志益先生记述，相传唐朝僖宗年间，
有十八位强盗在百里险一带横行乡里，无恶不作。观音菩萨以慈悲为怀，有
意感化他们，遂化作美女卢秀英，故意挑逗他们兄弟。菩萨前面走，十八兄
弟在后面紧跟。当追到悬崖峭壁的观音岩（现在白莲河水库大坝内西干渠出
口闸门处）时，那"美女"纵身跳下深潭，随即潭面浮起一朵白色的莲花，
菩萨（卢氏小姐）站在莲花上顺水漂流至下游沉花港不见踪影。观音岩、白

莲河、沉花港因此而得名。自此十八强盗悔过自新，改恶从善，在白莲河布施行善，成为佳话趣谈。

若干年后，菩萨为了试探作恶兄弟是否改邪归正，再次变作蓬头垢面的老妪，到十八兄弟住处胜卦寨乞讨。兄弟收留"老人"并视为娘亲，"老人"也认他们为干儿子。一天，"老人"把一盆洗脚水放在堂前对他们兄弟说，如果你们真心把我当亲娘，就把这盆水喝掉。话音未尽，老大便毫不犹豫地先喝第一口，接着其他兄弟依次一饮而尽。顷刻间，满屋金光闪闪，十八兄弟变身十八座金身，就是后来的十八大王，观音菩萨现身腾云驾雾飘然而去。

此后十八大王各选仙山宝刹设坛显灵，济世安民……其中五位大王顺山盘旋而上，天亮时到达山顶，故名"天明山"。后人在天明山上建了一座华丽的庙宇，拥有禅房九十九间，僧人百余。还开设了戒堂，香火旺盛经久不衰。于是周围信众纷纷将月山庙大王菩萨请到当地寺庙供奉。哪知各地将大王菩萨请去之后，月山庙再也没有原先灵验。当把菩萨仍然送回天明山月山庙后，菩萨又开始显灵了。信众都不解其意，只得祷告神灵指点迷津。之后方知只有以月山庙命名，佛神才显灵。所以月山庙菩萨在全国各地久负盛名，如白莲河乡政府旁边的月山庙（大王庙）、大河岸镇的月山庙、浠水麻桥的月山村、月山庙；广东东莞长安镇月山村、月山庙等。无论哪里的月山寺庙都是白莲河月山庙的"徒子徒孙"罢了。

世代的月山人广为传颂月山庙大王菩萨有灵气，它曾两次神奇地"击退"了外来强盗的入侵。传说在清朝咸丰太平天国年间，有一支贼寇入侵月山时，当人马行至胜卦寨山脚下。突然从山上飞出乱石，砸得贼寇人仰马翻，血肉模糊，战马吓得跪地不走。贼寇见状，大惊失色，慌忙掉头逃下山去，月山才免遭一劫。事后，人们都说那是大王菩萨显灵。

传说第二次是抗日战争时期。日本军队在白莲烧杀奸掳过后上月山。当人马行至观音岩时，突然从天而降一群大黄蜂（天葫芦），铺天遮日，直扑日寇人马，顿时日本兵仰马翻、乱作一团，吓着调头直往回奔，夹着尾巴从大坳冲往古庙河、匡河至英山安徽方向逃窜。大王菩萨护佑了这一方净土，赐给月山人的幸福和吉祥。自那至今，每逢初一、十五白莲人纷纷上庙祈祷感恩！

月山大王庙始建于唐代，白莲寺和下马寺均耸立在悬崖之上。如今的月山已成为白莲乡之轴线、风景线，每天有不少人参观游览，月山还真的成为"热山"了。它的美名、热气在整个白莲乡上空盘旋……

游完了月山，再到张家山村的柳仙观欣赏柳仙文化，畅饮酒塘神水一醉方休。柳仙观有着八百多年历史，观内供奉柳仙和真武大帝。道观历史悠久、风光秀丽，还有动人的传说。它积淀了几百年的民间趣谈和脍炙人口的柳仙文化，在白莲这片热土上早已深入民心。适逢当今盛世，国运昌隆，柳仙文化也不断传承和发展。

话说一位腿脚不便的樵夫砍柴，路过柳仙观时，一阵酒香扑鼻而来。他出于好奇寻香而去，发现柳仙观前，一口水塘（放生池）内的岩石上，有个脸盆大小的石挡。挡中的水长年不竭不溢，酒香味就是从此处溢出。樵夫饥渴畅饮之后顿觉酒味甘醇，满口留香，不一会似醉非醉进入了梦乡，他梦见一位长者自称是柳仙，在石挡旁边打坐。樵夫醒来精神抖擞，瘸腿也不瘸了，挑担柴火大步流星。原来柳仙是天庭上单七星之一，那挡里的水是他有意赐给乡民的美酒，因此历久弥香。消息一经传开，周围民众纷纷来泉取酒，饮后百病消除，延年益寿。据说那是柳仙在此设坛显圣，恩赐"神水"以避祸消灾。自此人们习惯称此塘为"酒塘"，而那石挡为"酒泉挡"。2002年，信众自发捐款修建柳仙庙，还得到县民宗部门和道教协会大力支持。"酒泉挡"如今已成为一处旅游胜景。

白莲乡既有人造美景，还有自古至今传颂的奇闻，谈起来令人至兴。从观音山延伸至白莲土库村的一条山脉中的半山腰，就有一个怪石，长约四米，宽两米，高三米。由于它的外形酷似猪头，所以人称"猪头石"。

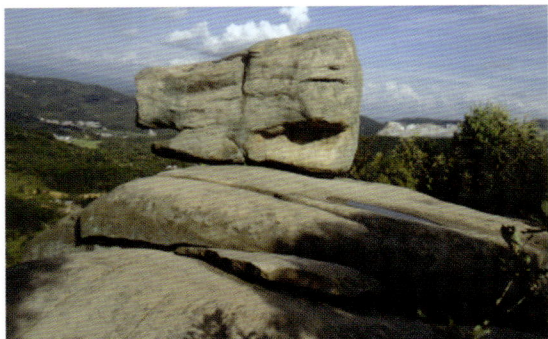

【贺正旺 摄】

这猪头石可真神嘞！它也是一个千百年来，难以破解的谜。这石头本来就搁在另一个石头之上，似乎是有人特意将它放在上面一样。乍一看，几乎要掉下山崖。你如果用手轻轻一推，石头会摞开一道三公分的缝隙，而且还会自动摇晃起来，但它就是倒不了，也掉不下去。假如三五人一起合力推搡，这猪头也"我自岿然不动"。

当地老年人讲了一个动听的故事。在很久以前，天庭一位赤脚大仙晚上偷吃玉帝的神猪，快到拂晓，风声大作。赤脚大仙心想，玉帝恐怕要来找麻烦，会摊上事，走为上策。他不得不将那没吃完的猪头、猪脚和内脏随手一丢，准备到荒冢石山的子午洞躲避。猪头刚好落到白莲河边，哪知这猪也不是个纯良畜生，偷吃人间庄稼不说，还到处乱拱。将原本锦绣河山沃野良田、好端端的一个地方拱得乱七八糟，竟然还拱出了一个百里险滩。那土地先生实在看不下去了，忍无可忍上到天庭在玉皇大帝面前参了一本："启禀玉帝！那头猪居然在我的地盘上乱拱，您得惩治这个害人的畜生！"玉帝准奏，旨派雷公连同赤脚大仙一并惩罚。雷公劈掉了猪的下巴，让它再也不能害人。之后，白莲一位诗人得见此景，即赋诗一首：

深山贪吃几千年，唯恐人知作石观。

不意雷公难躲过，一朝斩舌镇荒峦。

神话归神话，故事只作趣谈而已。不过在1947年，解放军独立二旅张体学部队曾经在此依托这猪头石作为掩体，靠一个班、一挺机枪，消灭了国民党军一百多人。解放军撤退后，国民党反动派出动几十人，带着撬杠，准备撬翻猪头石。任凭他们使尽吃奶的气力，仍然是蚍蜉撼树，石头纹丝不动。

其中一个士兵还被撬杠弄断了大腿。士兵们见状心想这一定是神仙显灵，只得落荒而逃。这一真实故事给猪头石增添了更加神秘的色彩。如今这猪头石已成为镇山之宝、冠山之魂，是少年玩耍的极佳场所，不时还有游客前来光顾这镇山宝贝。人们总把这猪头石说得神秘兮兮，你或许也怀疑它的真实性，不妨亲自前去试探。测试一下你到底有多大的能，有多大的劲！

虽说神猪把那片河山拱得不雅观，抚出百里险滩，拱出罗田的第五条大河，但它是极好的旅游景点。俯瞰白莲108平方千米的土地，四周峰峦叠嶂，库水一马平川。水似青罗带，山如碧玉簪。群山上松涛"唰唰"，库水清波拍岸，那声音似乎是母亲对儿女的呼唤。白莲河儿女没有辜负上苍的恩赐，身怀鸿鹄之志打造出十里荷塘，百里险滩也变成水上游乐园，石险河水变金钱。白莲旅游带动了其他产业发展，发电设备厂、抽水蓄能电站、水库风景区……这还真要感谢神猪哟！不过白莲河人知恩图报，发挥资源优势，利用质地坚硬、花色均匀、辐射小的大理石建起"鄂东石材走廊"。石材产品直销全国各地，出口东南亚和欧美多个国家，以此回馈上苍和白莲人民，助力精准扶贫，白莲河人终于摆脱了贫困。白莲河如日中天，乡党委政府砥砺奋进，以"特色立乡、旅游兴乡、开放活乡、招商富乡"为己任，脱贫致富建设美丽乡村为根本。还将叶家冲村建设成市级优秀的新农村，也是罗田的样板村。村庄布局合理，整洁干净。春天傍花随柳，秋天叠翠流金。鄙人胸无点墨，引用网友一首扬葩振藻，颂扬落英缤纷的乡村诗句：

茶余闲步庭院门，忽闻跃跃踏歌声。

翘望村前绿茵地，阿姑阿嫂乐盈盈。

但见妇孺翩翩舞，却是农家也健身。

笑语声声唱和谐，祥云朵朵兆乾坤。

这诗讴歌社会主义的新农村，这诗也是白莲河的写真。白莲河人朴实、好客，热诚欢迎您光临！白莲河风光无限、如诗如画，得到省、市领导重视和关注。原省委书记罗清泉、李鸿忠以及市委领导，多次来视察并为白莲规划改革蓝图，专程看望全国闻名见义勇为的典范：归云山"英勇父子"王天喜、王盼。领导的厚望激励了白莲人，覆钟地村90后"牛倌"贺根，成为大学生回乡创业、带领村民致富和建设美丽乡村的优秀青年典范。

白莲河乡因地处两县交界，社情极其复杂。乡党委将社会治安综合治理，打造平安罗田摆上议事日程，打出"五联"牌：联心、联手、廉政、莲花、连接。主动与浠水联手，改善两地民众关系。白莲秩序稳定，来旅游的客人个个玩得舒心。白莲多次受到了上级表彰，成为全市闻名的平安乡镇。"十三五"期间，白莲主动适应新常态，转变工作思路，事业更有创新。目前白莲正在修建一条环库景观公路。坚信白莲一定能在全国知名，成为罗田南大门前的一个环境优美、安和富庶的秀美乡镇！

第十七篇　沧桑之地旧县畈
天水一色赛江南

　　匡河镇原是由石桥铺、匡河、古河三个小乡合并而成。它地处罗田东南门户，有一千多年的历史古镇，曾经是罗田县的摇篮。这里交通发达，是武英高速必经路段。东出安徽岳西，西达黄石、武

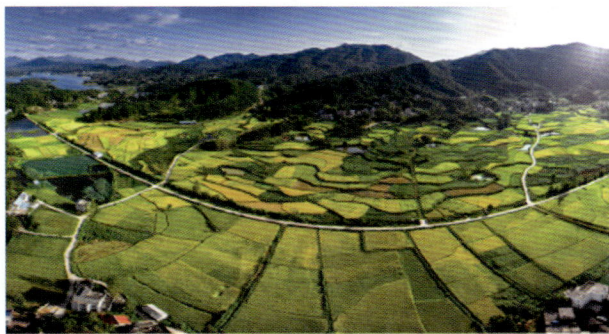

【华仁　摄】

汉，距县城26千米。而且还是一个湖光山色、物产丰富、带有古典神色的秀美大镇。近年来，匡河把养殖业作为村级经济主要增长点，大力发展水产和畜牧养殖，引领群众致富，圈养了一大批黄牛、母猪，并在高上垸和汪家桥兴建两个大型奶牛养殖场，为全县及周边县市提供鲜奶，带动了全镇养殖业和畜牧业的发展。与此同时合理利用矿产资源，匡河蕴藏大量长石、石英石、云母等，其中长石储量为鄂东之最。全镇以长石资源为依托，建有3座石粉厂，年产石粉3万吨，供应全国各地，已形成矿石产业一条龙。

　　改革开放以来，这个镇注重产能发展，拓展特色经济，大做旅游文章。镇党委、政府闯新路、创新意，带领群众致富，实现全面小康梦。笔者用以下寥寥数语描绘匡河的发展变化：

桥跨两乡合一门，魁山脚下觅城根。

豹龙鸡叫石马寨，莲野渔歌醉路人。

茶牧鱼桑均创利，国民产值倍双增。

敢嘲虎镇①非为虎，慈面观音笑泪盈。

从县城出发翻过濛濛山，一条由西向东的小溪顺着弯弯曲曲二级公路蜿蜒，道路旁边高大的水杉列队迎接你的到来。从石桥铺街往北走约三里路，小河两边是一片肥沃的良田和绿水青山，那地方叫"四口塘"，也有人喊"旧县畈"。旧县畈顾名思义就是过去立县的地方。旧县畈后面的那山名曰魁山。这四口塘、旧县畈、魁山蕴含着许许多多不为人知的故事哟！

时光锁不住岁月的流转，石桥铺置县的历史比官渡河还早几百年。魁山更是远近有名的风水宝地。从南北朝至元大德八年（1304年）期间，石桥铺多次被朝廷相中在此立县。那时罗田县衙就设在魁山脚下，现在喊旧县畈，长达八百年之久。在南北朝时期《梁书》记载，"普通四年（523年）分霍州置义州（今罗田县）"。县治设立于石桥铺附近的魁山，即四口塘村旧县畈，它开创了罗田县历史的先河。唐武德四年（621年），废罗田县后，其属地划入兰溪县。宋元祐八年（1093年），又恢复罗田县，但县治仍然设在魁山。南宋端平元年（1234年），蒙古兵攻破罗田县城，县治迁往鹰山寨（今英山）。嘉熙元年（1237年）兵乱县废。德祐元年（1275年），罗田县依旧在石桥铺原址复立。元代前期和中期，罗田先后属淮西宣抚司、淮西总管府、黄蕲宣抚司、湖广行省、河南江北行省蕲州路。

当年的罗田县治迁来变去，始终就没有离开过魁山，最终在元大德八年（1304年），知县周广将县治由魁山迁至官渡河（官渡河后改名义水河），也就是今天的凤山镇。四口塘这地方历史悠长，人杰地灵，物阜民丰，人才

---

① 虎镇是广东佛山虎门镇2016年评为全国第一个百强镇。

辈出。张振武（1877—1912年）是辛亥革命首义元勋，又名张春山，出生于石桥铺四口塘，后寄居竹山县。早年东渡日本，参与孙中山创办的同盟会。回国后，积极筹划武昌起义活动，并变卖家产、捐钱捐物购置武器弹药。于1911年(清宣统三年)10月10日发动了武昌起义。

旧时没有交通工具，那些达官贵人如京、州、府官员来魁山巡视也只能靠骑马。日久天长那马也都变成了石头。因此，就出现了石马寨。石马寨位于匡河镇石马山村境内，地处石马山南边悬崖之上。在它旁边有雷公庙、雷祖石、石马、石马悬崖、天仓等景观。石马寨离黄丝铺3.5千米，距离匡河镇7.5千米，想观赏古迹文化则是极佳之处。有乡村旅游公路直达石马寨制高点，朝西南远眺，波光映日，似龙鳞闪耀，似动若静，似实若虚者，长江也。石马山脚诸丘，如雷祖之衣、袍袖、屐履、靴袜。白莲河水如绵延玉带，飘扬于袍袖腠理之间。名山灵水和谐，珠联璧合。若是文人骚客见到如此景观，定会诗兴大发，凡夫俗子观赏此景也会不饮自醉。

石马寨为诸山之长，连绵数座名山：豹龙岩、鼓楼坳、高凤庵、金鸡岩都"俯首称臣"。那姊妹诸山依次相拥，形成北南朝向的山脉，且山景秀丽，风采各异。犹有那豹龙岩内的豹龙洞奇特，因山势奇险，常人不容易进洞。明《嘉靖罗田县志》就将它列为古迹，称"内藏古乐器，如能取之祈雨，立应"。它距县城仅26公里，想知其虚实，不妨驱车前往一探究竟。

昔时这山为了彰显各自名气，均建有寺庙，凡建庙宇各应灵验，石马一呼百应，山有灵脉相通。后来"遍知真人"将此地总结一句歌诀"公凤赶婆凤，婆凤赶鸡公，鸡公赶石马，石马赶石牛"。把

【刘建文　摄】

石马寨称为主帅，一点也不错。它正东数座峰岚相聚，海拔均不相上下。乍一看，恰似雷祖属下各部主将阵前听令。长长的古城墙把这些山峰紧紧搂在怀中，形成坚不可摧的军事堡垒。至今东南门、水西门均依稀可见，唯西南的寨后有天堑未设城墙。城墙内田园塘堰、竹林农院井然有序，山上的村庄绿荫环绕、百鸟争鸣。难得的是穿山水净林荫路，越往前走景越优。这里的地理环境得天优势，水西门的天然瀑布景观奇异。城门内水堰清水长流，每到春夏雨季，站在山下仰望从天而降的瀑布尤为壮观。山庄朝南避北朝阳晒暖，气候温和基本无霜。匡河早年修通了进石马寨的乡村公路，十几公里的旅游公路鱼贯每个山寨村庄。那高山陡崖、天堑幽豁、溪泉长流，坐在车内可一饱眼福。在石马寨旅游观光避暑度假，亦能敬佛静心、续佛慧命，您会乐而忘返！

石马、濛濛遥相望，相互比美看谁妍！濛濛山看上去犹如少女，仪态万千。然而，那山曾经是抗日的战场。她那"秀美"的身躯一度鲜血流淌。革命先烈在那山上浴血奋战消灭了豺狼。而今的濛濛山柳色春藏，武英高速公路静卧在步兵河上，伫立在桥边看清秀的濛濛山，高低起伏的山峰上有飞瀑流泉，有丘陵有良田。在阳光照射下，高峰遮掩低山。处不同的视角纵观，犹如人琵琶遮面风景各有不同。山水、丘陵、齐整的农苑，俨然一幅山水画卷。空中鸟瞰峰峦沟壑、农庄田园，轮廓清晰肌理明显，宛如画家手下一块成功的画板。

列位看客，匡河的山水，给您留下深深印象。那里还有大慈大悲的观音，护佑观光宾客顺利平安，错过此机会则追悔莫及啊！观音山距离匡河镇8千米，有难得一见的观音大殿、观音塔、反背观音、古长城、狮子垴、打儿石、冯连长墓等景点。观音山不仅是罗田佛教圣地，而且在三省四县方圆几百里范围内也小有名气。观音山古称"匡罗山"，被誉为鄂东名山。山上有著名的观音山寺，始建于北宋年间。清同治七年（1868年）还重新作过修缮，至今香火旺盛，是罗田仅存古庙宇之一，属县级古文化遗产。

人们常说，山不在高，有仙则名；庙不在大，有神则灵。观音山伫立在罗田的门前，观音护佑着大别山麓儿女福寿绵绵，呵护来匡河观光的客人平安往返！观音山海拔722米，山并不高，但它属鄂东名山之列，自然就有奇特之处。观音山在四周地势中峥嵘兀立，旁无衬山、孤峰独傲，山色葱茏，多奇花异草。登上观音山，站在观音山寺前，映入眼帘的是一座耸入云霄的五层六角塔——观音塔（华严海会佛宝塔）。红墙彩瓦、翘角飞檐，熠熠生辉。塔下有一古冢，是住持姚声远火化归葬处。丙戌年（1946年）12月，38岁的观音寺住持姚声远，亲自架设干柴，在此火化，凤凰涅槃，留下千古之谜，也给悠久古寺披上一层神秘的面纱，续写了这位大仙的旷世传奇。大仙佛法精深，坐禅达到意境。凡来此地的香客必到塔前拜祭，许愿焚香，据说极其灵验。而且在鄂豫皖一带广为传应，印证了庙不大而神灵！

【刘建文　摄】

观音山地势险要，明代即建有观音山寺。咸丰七年（1817年）重建有4米高，周围有石墙。观音山顶依石岩建庙，庙内有天然石刻观音像三尊。庙旁还建有一座瞭望台，站在山下仰望那高高的峰顶，庙台危耸云端。今石像虽毁，但正殿尚存，香火依然旺盛。明正统二年御史卢睿游观音山后诗云：

看尽流云山外山，山间小憩枕云关。

分明梦里闻禅语，前路溪光十八湾。

站在大殿外面的坪地上，那观音山寺雄伟壮观、气势恢宏的庙堂赫然入目。老殿建于清同治七年，位于殿旁边。于2004年由信众捐赠投资近百万，新修观音大殿，殿高7米，宽7米，长12米。内有千手观音像、八面观音像各1座，金刚罗汉10余尊。寺内有主持或方丈、僧尼和居士近20人。新老佛堂

趣兴。匡河的山，因水而巍峨；匡河的水，因山而秀美，山水相依，增添了大自然的明媚。观音寺前白鹭飞，莲河水里胖头肥。这江南风味给匡河带来了旺盛的人气，水乡神韵其乐无穷，更显得奇趣横生！

古庙河地处罗田边缘，与浠水遥遥相望，是天然的水产养殖场。渔业是它的主导产业，库区村民利用这独有的自然条件，大力推行网箱养鱼、科技养鱼，已建成高效水产示范区。借助天然纯净的水质，放养各种名贵鱼。这里还是鄂东特色"黑背胖头鱼"养殖基地，古河的黑胖头鱼肉质肥厚、味道鲜美、磷钙含量极高，营养丰富。人们还依托广阔水域搞水上娱乐、垂钓中心，诱来县内外以及周边百里远的垂钓爱好者。通过综合开发，渔民收益成倍增长。

古庙河的景点卓尔不凡，不去观光会引以为憾。到匡河导游也会娓娓谈起那梦寐不忘的仁圣寺、什王寺。仁圣寺又叫生死庙，过去的仁圣寺雕梁画栋梁柱涂金，门前两尊石狮把守。进殿门踩上机关，牛头、马面将你拦腰抱住，令人毛骨悚然。遗憾的是如此珍贵的遗产已被库水淹没。

什王寺地处沈家嘴林场，周围树林风景翠色欲滴，传说更是令人如醉如痴，最引人注目的是一尊高约两米，宽米半的石碑。话说乾隆皇帝下江南路过什王寺，见殿阁嵯峨，寺内香烟缭绕，一时兴起御笔题咏并加盖玉玺。寺内僧人受宠若惊，于是将他的手谕刻在一块两米多高的石碑上。如今石碑是出凡入胜文化遗产，也是难得一见的绝伦胜景。仁圣寺、什王寺在过去就与观音山寺、老塔山齐名。

看完乾隆皇帝的手谕，还得去看看刘家塆村的"金烛园"。金烛园后有一个石洞，洞内偶尔闪现两柱熠熠生辉的"金烛"。说也奇怪，金烛看上去唾手可得。但你伸手去取吧，就差那么两尺。大千世界有许多离奇的现象，可望而不可即，可遇而不可求也。在刘家塆村和王家冲村交界的荒冢石山，山中有一块巨石约十米多高，它的背面是刘家湾村。远望那巨石酷似人的一条腿，其实那就是赤脚大仙的一只脚。话说赤脚大仙在白莲偷吃玉帝的神猪之后，玉帝派雷公下凡收拾他，赤脚大仙闻信跑到子午洞躲藏。可前脚刚踏进子午洞，后脚还没来得及进洞，一雷劈下来，那只脚后来变成巨石，而且还留有前脚脚印，有白莲河猪头石为证。所谓子午洞，半夜子时洞里能见到月亮，午时洞里可见日光，你也可坐船前去观赏。这子午洞的山顶有一块平地，假如你那天幸运的话，在太阳刚刚升起时，或许能望见山顶上有两只猴子在上面跳"迪斯科"呐。这罕见的人间奇观切勿失之交臂！

匡河是罗田南大门前的一块"画板"，有览不尽人间奇观。这里素以茶叶、山水、竹石桥亭、矿产、洞滩著称，碧水环山苍松翠竹，水乡神韵渔舟唱晚，能给人一种超凡复梦和回归自然的感觉，无须再用华丽辞藻去讴歌这人文景色。其实匡河本来就屹立于山水画卷之间，如梦如幻而具有天人合一的意境！

第十八篇　梦幻神游鸠兹邑
平步青云九重天

　　百闻不如一见，耳濡不及目染，只有亲自体验，方知鸠兹卓尔不凡。九资河聚国家重点镇、4A级风景区于一体，2016年就被国家旅游局命名为"全国农业旅游示范村"；2017年又入选湖北"三宝小镇"、全国文明镇。地处天堂寨下的圣人堂妇孺皆知，是黄冈市"十大秀美乡村"、省级百强重点村。2017年11月，九资河镇又获全国第五届文明村镇称号，有"中南旅游第一村"之誉，鸠兹古邑斑驳陆离、百卉千葩，景色实至名归。

　　九资河在远古称鸠兹国，中华人民共和国成立后为天堂区，现在是九资河镇。尽管历史时移世易，但始终改变不了那片锦绣河山。无论怎样称呼，不难看出它丰富的内涵和悠久的历史。《左传》记载："三年春，楚子重伐吴，为简之师，克鸠兹，至衡山。使邓廖组甲三百，被练三千，以侵吴，吴人要而击之，获邓廖。"也就是说公元前569年楚国子重率军队讨伐吴国，组成精锐之师，一举攻克鸠兹（九资河），直达衡山（安徽霍山）。并命令邓廖带领三百盔甲精兵，三千身披战袍士卒，继续攻打吴国。邓廖兵败被俘，楚国便退守鸠兹驻防。鸠兹是楚国与吴国的天然分界线，是吴、楚两国之间疲于应付的偬姓小国。

　　1943年，方志学家、学者、北京图书馆总纂、"楚国一宝"王葆心《古鸠兹邑考证述评》："松滋一名祝兹县，古鸠兹地也。"故九资则是"鸠兹"的谐音。他考察天堂寨一带地形时还留下"古鸠兹邑"石刻。同时论证："登云山以望江淮，概念鸠兹之在此间者，数千年湮没不彰，特留题以发其微。"早在公元前东南亚人就知道中国的"鸠兹茯苓"。春秋战国时期这里是"鸠兹国"，元朝以前人称"鸠兹古邑"。随着历史的更替，人们习惯把"鸠兹"念成九资。人们之所以不念鸠兹，而念"九资"，主要是地理位置的原因，因为它有九条河，所以寓意双关。

在清朝，九资河称僧塔寺，这里塔寺众多，僧人如云，才叫"僧塔寺"。现在还有好多人把九资河称僧塔寺。从前石柱山以外，乃至县城周边的人，习惯喊九资河为"上巴河"，就因它是巴河的发源地，而且还有九条河：七里河、九资河、黄石河、龙井河、周家河、正句河、禹庐河、马岔河、吊桥河，所以叫九资河。

九资河在古代属吴、楚分界，兵家要地，因此有五关：铜锣关、栗子关、松子关、青苔关、瓮门关。明朝时，罗田八景中就有"多云樵唱"。有趣的是，过去形容青苔关、瓮门关还有句民谣："青苔关的风，瓮门关的雪，抱儿山的匏颈，惹不得！"①这一来描述奇特的景观，二来也算天气预报吧。就因为青苔关的月亮寨下有个风洞，长年多风，县志谓"每风发，洞口云雾先起"。当地人见洞口起云，预示大风即将来临。

青苔关东南连笔架山，西北接三省垴。"古名岐岭，其水北流入淮，南流入江，岭上有岐岭关即瓮门关。《罗田县志》记载，三国时，东吴陆逊追魏兵曾过此"。岐岭关位于龙盘山庄，相传东吴陆逊率领将士，追击魏兵过岐岭关。魏将曹休兵马逃至龙盘山庄，时值烈日炎炎，曹休的坐骑下田饮水时，忽然暴风骤雨从天而降，人马均陷没不见，人们说是的"天不绝曹"由此而来，还有曹休人马得到天神相助，云云。"陷马丘"至今尚在，至清咸丰十一年（1861年）2月，尚有捻军攻破岐岭记录。游览岐岭能让人回味那段

---

① 匏颈因缺碘而导致甲状腺肿大。

刀光剑影、血雨腥风的历史情景。

盘踞在九资河的英雄王鼎是大河岸曹家冲人，他曾被永历帝封为兵部尚书，总督凤阳义军。顺治二年（1645年）由于清政府颁布"留发不留头，留头不留发"的规定，激发了汉人强烈不满和反抗。王鼎率领蕲黄四十八寨义士反抗，并以天堂寨为中心，指挥义军转战鄂豫皖三省十余州县，长达五年之久。顺治五年，义军因寡不敌众拒不投降，王鼎被清军杀害于南京。其名声在鄂豫皖一带尤为显赫。

九资河有着深厚的历史文化底蕴，著名古迹有广化寺，它位于七里河村与青苔关交界处。据老年人说，广化寺为自北宋迄元、明、清初淮西最著名古刹，有3000余僧人。

九资河至今保留有明清时期的紫薇大院和圣人堂古建筑群等多处名胜古迹。千年历史的文化古迹是罗田一道靓丽风景。位于三省垴脚下的新屋垸（紫薇大院），因该垸四周栽种紫薇，又叫紫薇山庄。山庄建筑面积6000多平方米，山庄内庭院幽深、回廊曲槛，有30户人家、120多人。

据说明末清初时，山那边有位贤良妇人，凡是路过者，她都热情接待。一地仙见此深受感动，并叫她家迁居新屋垸，也就是现在的紫薇山庄。这家主人特别节俭，一条裤子补丁摞补丁，最后重达九斤，靠省吃俭用终于建成紫薇大院。紫薇大院是我县保存完好的古建筑群，雕梁画栋，至今仍不失典雅之气，戏楼梁上的木雕龙仍然保持古时模样。整个院子共有99间住房、32处天井。尽管建筑面积大，却无一处明沟排水，水流往何处无人知晓。雨水季节即使遇到暴雨洪涝都不溢不涝，至今是一个难以破解之谜。它代表中华建筑文化的精髓，是我国的建筑艺术瑰宝。

公元1353年，徐寿辉以天堂寨、薄刀峰为依托，在九资河一带组织民众起义，一时间名声大噪。他统领的红巾军声势浩大，因而惊动了朝廷。朝廷派人私访，探知滥泥畈有座"天子坟"，葬有徐寿辉的先人。据传说天子坟一旦成了气候，麒麟畈要出麒麟，椴皮山竹子里要出天兵，滥泥畈要出天子。谣言传到朝廷，皇帝钦点罗田县长罗学成奉省檄，督夫役，掘其山脉。于是乡间流传"官府督役千人挖，夜晚古冢自还原，只怕桃符钉四沿"。官府终于破了徐寿辉的祖父母冢，并取骨殖焚之。那就是流传至今的"天子坟"。

民间有些传说与地名联系在一起。这不，九资河麒麟畈村就出了麒麟。何谓麒麟畈？传说昔日有户农家养了一头母牛，一天在耕田时产下一崽：龙头、鹿角、蛇鳞、马蹄、牛尾，是一个四不像的怪兽。它不吃奶也不吃草，顷刻疯长，还吃了主人犁田用的农具。主人见状火冒三丈说："你这怪模怪样的畜生，把我农具吃了，日后如何种田？"一气之下把它打死了。恰遇过路的秀才看见说："那是一只麒麟，祥瑞神兽，你怎么把它打死了叻！"这印证了社会流传的那句歇后语："庄稼佬打死麒麟，不知贵和贱！"这就是麒麟畈的由来。

游过了鸠兹古都，再去中国最美的田园风光村溜达。看到村前一副门联"绵绵百里青山去，悠悠千载白云归"就知道已经到了圣人堂村。"圣人堂"早在春秋时期就出了名，因为孔夫子周游楚国——陈蔡之野。史书记载，楚昭王曾派兵迎接孔夫子一行5人，由麻城夫子河途经三里畈、平湖、河铺、大地坳，最后在天堂寨脚下设堂讲学之后，上瓮门关走岐岭古道至安徽霍邱。故后人才称此地为"圣人堂"。

圣人堂的历史悠远，继楚子伐吴之后鸠兹群贤毕至。元至正十一年（1351年）天完皇帝在圣人堂起事。圣人堂是"天完"发迹之地，高山作屏障及后座，山谷中间一块平坦之地设殿堂，天完皇帝在这堂中议事，并在山中筑奠基坪，树无敌碑，建田园殿，因此后来被误传为"圣人堂"。盛名之下这村也就出名了啊！圣人堂村正坐落在天堂寨下，公园湖尾与僧塔寺之间，湖光山色、古镇遗风、人文景观应有尽有。天然风景并非寻常之地，归纳几大亮点：

一、膏腴之地，姹紫嫣红

山顶在云间，山脚插湖边。圣人堂村对面的笔架山，屹立于群山与蓝天之间。灰白色悬崖石壁像一位正在沉思的老人，脸上显露出历史的沧桑。也许它仍然还在追忆皋陶之后鸠鹚古国的辉煌。笔架山海拔1373米，顶部3座巨峰并列，酷似一高耸入云的巨型笔架。因常年晓岚缠绕则有"笔架晓岚"之称，远望又像雨后的春笋，人们说那是"三棵金笋"。传说这山原为玉帝御案上的宝物，其爱女下凡携入凡间，后散落于此处化成巨山。有坚忍不拔毅力的人鼓起勇气而上，登临绝顶如到天庭，站在山顶领略众山小：座座青山紧相连，朵朵白云绕山间。山中枯藤老树、翠竹山花，山下小桥流水、花苑农院。山腰西南面为风井沟，因长年多风，县志载"每风起，冲激沙石，砰訇有声，洞平旷，可容十人"。远望笔架山与天空粘连，如擎天一柱，青山削翠、碧蚰堆云，真是大自然的一幅完美绝作！

笔架山上那片天然的"黄花垱"可谓是大别山一绝，位于山腰左侧，是一处罕见的胜景，人称"千亩黄花垱"。每逢春夏这里漫山遍野黄花盛开，蜂飞蝶舞，一片金黄色的海洋。因山高路险人迹罕至，很少有人知道那里有黄花（餐桌上美味的菜肴），因此，采摘者极少使得黄花繁密茂盛经久不衰。

笔架山与三省垴相隔不足二十里。三省垴位于湖北、河南、安徽三省之间。山顶上那棵盘旋古松"叶盖九州，根植三省"，故称"三省垴"。主峰1540米，山中的溪流里经常出现中华大鲵（娃娃鱼）。森林中万木争荣千姿百态、枯藤缠树、古树傍藤"，"相爱相亲"，林茂谷秀、风光霁月。栎树古松参天入云，苍翠竹林屏风，习习凉风送爽，溪泉流水淙淙，三省垴魅力无穷。三省垴宾馆位于深山密林之中，朝阳晒暖、鸟语花香、环境幽静。无论是休闲还是度假都不可多得，夏天避暑更是一位难求！

在三省垴宾馆轻松一宿。清晨打点行装，去麒麟谷攀岩。探险者也许攀登过峰峦雄伟的泰山、张家界，却还没有体验麒麟谷的幽深崖险。麒麟峡谷陡峭幽深，溪流直下数千尺，两岸岩陡峭，瑶花琪草，险象环生。在麒麟谷中无论是攀岩还是戏水，步步成趣，别有一番天地。

二、设施完备，精彩纷呈

九资河是国家4A级风景区，有现代化的旅游观光设备。天堂寨是大别山隆起的核心部位。北部与金寨接壤，东部与英山毗邻，堪称中原第一寨，有"吴楚东南第一关"之赞。人们常常自诩"踏遍黄峨界与庐，唯有天堂景最优"！天堂寨岩体陡如斧琢，想徒步登顶览胜，那是望洋兴叹！因此非得借助电梯、缆车不可。缆车起点在千基坪，从白马峰栈道入口，坐双程索道大约3千米长，越过千米的落差直达峰顶。缆车穿云越谷，缓缓上升至800米的高空。人在绿色的"海洋"上浮游，越过一座座峰峦，一览脚下悬崖绝谷。梦幻神游而飘飘欲仙！

景区观景设施高品位、现代化，堪称世界一流。从猴谷至小华山，海拔1080米高的一线天悬空绝壁处，设观光电梯。电梯与湖北首条玻璃栈道连成一体。

【王志高　摄】

总高程145米依山体垂直上下，行程高度135米，运行时速最高2.5米/秒，单次运行时间54秒。游客观景览胜省时省力，快速到达寨顶。电梯分左右两部，每部每次可承载18人，日载客量3000人。看上去形如摩天大楼，赛过巴黎埃菲尔铁塔，可与哈利法塔媲美。它像高大的巨人屹立于危峰峭壁之间，展示空前绝后的现代艺术气魄。

电梯与玻璃栈道相互贯通。步入玻璃栈道那一刹那，头脑一片空白，如同坐过山车一样刺激惊险。回过神来睁开眼睛，如同打了鸡血一般。欲穷千里目，天空广阔无垠。高空景色竟是那样迷人，感觉在同孙悟空一道驾雾腾云，恍惚手可触摸到飘逸的白云。

电梯启动瞬间直达山顶。走出电梯进入玻璃栈道。目眺崇山峻岭，蜂拥蚁聚，风光旖旎。头顶蓝天白云，脚下林海苍茫、松涛阵阵。此时的心情百感交集，带给你前所未有的浪漫情趣。

近观玻璃栈道你会舌挢不下。它是继天门山、平谷天云山之后我国第四条玻璃栈道。电梯一柱擎天令人瞠目结舌。它与玻璃栈道连体，游客在天空全方位观景。人称它"天空之路"，在天空之路上行走，宛若梦海神游，心惊肉跳，肾上腺素会立马飙升，犹如濒临绝境，如履薄冰、触目惊心。大胆者泰然自若，胆小之人战战兢兢或扶墙挪步或搀扶前行，更有甚者手脚并用匍匐行进。玻璃栈道看上去一路平坦，走起来却步履艰辛。说句真心话——胆怯者有吓哭了、吓尿了的，命悬一线，真是生离死别的感觉啊！游览玻璃

【王平 提供】

【王平 提供】

栈道得给那些恐高症、高血压、心脏病、眩晕症者们提个醒：生命诚可贵，不要作无谓的牺牲。别去凑那个热闹，寻求那种刺激而搭上小命！

在玻璃栈道上漫行，看远处无极之境云淡风轻。视野之下群峰起伏，偶尔飘过一缕缕的浮云。还可看见岩壁耸削，瀑布飞流，天堂积雪，崖缝青松和低空的飞禽、翱翔的苍鹰。这一幅幅人与自然的壮观情景，胜过宇航员在太空旅行。时不时对对情侣牵手结伴游玩，宛如牛郎织女踱步鹊桥脉脉含情。看对面"三棵金笋"、圣人堂村貌和烟波浩渺天堂湖中的小船激水扁舟。瞅足下红树林宠辱皆忘，精骛八级心游万仞！

一位游人见足下起伏的山峰、红树林、烟波峡谷、天堂湖光、天色相浑，而不胜感慨：

平步青云进宇宙，重峦叠嶂映入眸；

悬崖绝壁如履冰，峰巅漫游韵风流。

有一个幸运的下午，受朋友邀请去玻璃栈道上观景。西下的落日像一张火红的光盘辉映着天堂湖水，红霞覆盖着黛青色的群山。一幅嫣红的背景图，点缀着鸟儿和渔船，爽歪了啊！这景色恐怕神仙见到也贪恋。

【王志高　摄】

我情不自禁地伸开双臂，多么想去拥抱这绚丽的大自然，却被无情的时光隔断：天空渐渐黯淡，罕见的美景就像铁树开花而昙花一现。我只得喟然长叹，遗憾地乘电梯回返！

在天堂寨行走，一步一景观。在竹林深处徒步，竭尽脚力，沿着石条铺成弯曲的山路，一级一级爬上高高的小华山。石阶外深沟里的流泉，像唱歌又像人在拨弄琴弦。望旁边山泉细流涓涓，在枝藤缠绕茂密的树林里穿行，享受着和煦春风的轻抚，吸吮着深山里的清新空气，耳闻小鸟啼鸣婉转，鸟儿、溪流同工异曲奏出美妙的乐段。

上完百步云梯，亦能见证你的体能和毅力。当你回头俯视，起伏的群山万缕云烟。也许你早已忘记了这一路的疲惫和艰难，沐浴在山色妖娆、云雾蒙蒙之中，那小华山下旖旎的风光和幽壑深渊令人着迷。探寻弥勒峰，观看老君亭，漫步鹊桥，群仙聚会。有道是：多云山中留佛影，有缘前去觅仙踪。

三、落雾缭绕仙气盛，秋山红叶醉人景

圣人堂画地成景，清幽秀丽，绿意红情。春暖花开百鸟和春，夏日骄阳绿树遮阴，秋高气爽红叶醉人，寒冬素裹漫天飞舞着"蒲公英"！

古代诗人把秋天视为悲伤的象征，是人生愁绪的晴雨表。尤有杜甫对秋天黯然神伤："八月秋高风怒号，卷我屋上三重茅"。与之相反诗人杜牧却钟爱秋景，游岳麓山时诗兴大发，给后人留下绝句《山行》：

远上寒山石径斜，白云生处有人家。

停车坐爱枫林晚，霜叶红于二月花。

尽管杜牧把岳麓山描绘成绝妙胜景。但它远不及天堂寨巍峨高峻。天堂寨高它六倍，天堂秋景比岳麓山更为阳光明媚。天堂红叶敢与天下媲美，堪称世界一绝。虽然杜牧来过多云山，可惜诗人错失良机与天堂秋景失之交臂！

【王平　提供】

秋天给圣人堂增添了美的气息，带来丰收的喜悦和旅游旺盛之季。柏林秀逸临风飒爽。远看似飘拂的红绸，微风轻拂着叶子，像少女的红裙在山间

舞动、层林尽染、蔚为大观。优美的田园风光，被艺术家和摄影家们誉为中国美景。无数的游人前来观赏红叶，作画、写生、吟诗助兴。

红叶耀山丘，尽显画意诗情。秋天圣人堂叠翠流金，名利双赢。寒露过后绿色叶子逐渐变红，唤起人们美妙的憧憬。此时坐上缆车见那群山红衰翠减，烟云中的红树林落英缤纷。尽管圣人堂一年四季都是景，唯独秋天红叶更诱人。中南旅游第一村的确不虚名！

奇特的地理环境，造就圣人堂人栽种木梓树的习惯。那上百年老木梓树一株株排列在田间地头。圣人堂红树林叶红期长、树形优美叶片妖艳圆润。乌桕树不苛求于人，哪怕是赤地仍然能枝叶茂盛。夏日农民喜欢在树荫下歇息乘凉。柏籽还可以榨油（注：古时没有照明燃料，将它作照明用），表皮经过提炼可以加工成化妆品。清朝翰林周锡恩喜爱柏叶，或许他早已预料到柏叶会红极于世，因此而赋诗"山村富乌柏……夜霜变颜色"。

红枫柏叶红舞秋山，尽寒霜色流丹。漫山遍野由绿变红的柏叶，在阳光的照耀下五彩斑斓。清晨，看似胭脂染红的树叶，望似滴欲滴的露珠赏心悦目。红叶沐浴着蓝天白云，更显得楚楚动人！叶子随着季节变换绿换红颜，茂密的红树林遍布于田埂地头。丹枫迎秋柏叶绯，田园稻熟黄金甲。这景象如同画家在橙色背景上蘸朱砂写生。

深秋的九资河、圣人堂、麒麟畈、徐凤冲，再也不是郁郁葱葱。鲜红的"蝴蝶"在空中飘飘悠悠。晚秋的柏籽退掉外衣，变成白色的珊瑚伞。缤纷的红叶、白色珊瑚伞、黄橙的田园、黛青色的远山。这景色画中有诗燕妒莺惭，偶尔飞过一群小鸟戛然长鸣，一阵叫声似乎是贝多芬的天籁之音，演奏出一首山水、田园五音六律的美妙乐段。

四、十里漂流寻刺激，人随水湍荡秋千

圣人堂漂流极具刺激性、安全性、生态性。漂流曾经是人类一种原始的

【王志高　摄】

涉水方式。它起源于中国的竹木排和爱斯基摩人的皮船。但那时是为了满足人们生活和生存需要，真正成为一项户外游乐运动，是在二战之后才发展起来的。人们尝试着把退役的竹木排、充气橡皮艇作为漂流工具，逐渐演变成今天的水上漂流运动。

百闻不如一见，还是先去飞龙寺瀑布尝试漂流吧。它是罗田五大瀑布之一，位于降风殿东，发源于钵盂尖，两山壁立，深谷悬岩，溪水奔腾直下而一落千丈。至寺后三百米处，谷口窄峡水花四溅，声如雷吼惊心动魄。

近观飞龙寺瀑布"飞流直下三千尺"。九影瀑、泻玉瀑、四叠瀑更令人驰魂夺魄。游人身着红色的救生服在水中漂来晃去，惊心动魄地玩水游戏，一种挑战极限、与浪共舞、征服大自然的豪情油然而生。激流勇进，有惊无险。深渊沟壑中戏水，远离市侩名利，忘情于自然山水之间，陶醉于超凡脱俗之中。

漂流与其说是人玩水，还不如说是水玩人。皮筏在时宽时窄、时急时缓的溪流中舒缓漂荡，偶尔跌落深渊。从神仙谷顺流而下，全程3.8千米，总落差168米，大小落差有20多处，漂时100~150分钟。无论是漂流距离还是漂流时长都为游客提供了人性化设计，确保游客安全，玩得刺激、玩得放心、玩得尽兴，既能饱赏山水情趣和无穷魅力，又能领悟到水与自然之间奥秘无穷。它是亲近自然、回归自然，领略自然风光、陶冶情操的一种时尚运动。

漂过一山又一山，赏尽一景又一景，森林中的鸟儿和鸣也来为你助兴。那笨拙的石龟在白云缭绕的崖石上观阵，顽皮的松鼠戏弄着树上的松球，为游人增添雅兴。兴许还能一饱眼福那憨憨的大鲵——娃娃鱼步态蹒跚。山沟四周恬静的景色目不暇接、妙趣横生。水与砂石伴随激起的浪花飞溅，体验大自然的清新，让你乘兴而来，兴尽而返！

五、玩得其所，志满意得

　　景区山庄、酒店如云。楼阁岩榭造型别致，而且装饰豪华。"金鹰"紧挨着"白云"，两山庄地处高海拔，距天堂寨顶峰最近，建筑风格各异，给人感觉也各有千秋。能同时容纳上百人，而且环境幽静空气清新。仰仗天堂寨顶，目击翱翔的苍鹰，潺潺的溪流奏和音。酒店与自然生态和谐共赢。是难觅的人间仙境，住一宿胜过吃海味山珍！

　　酒店员工恭候您光临，厨师正绸缪野味佳肴，堂前沏好大别山独特三味香茶："天塘观音""圣人毛尖""哲人龙井"。品五色土陶沏出千年神韵，用紫砂壶吸吮百味人生。

　　携带家人、好友、初恋或情人，共赏高山风景。闲庭信步凝神伫立，偶尔心血来潮一展歌喉，《大别山上一棵松》的旋律在峡谷中久久地回荡，回音绕梁浑厚而豪放，略带有几丝柔情。此时人已进入梦幻仙境，极乐之余回堂中小憩，手捧盖碗茶，呷一口"哲人龙井"，吃几片点心，读几页《魅力罗田》，如同在唐古拉山上听唱《青藏高原》，神怡而飘飘欲仙，如同在壶口瀑布看"万马奔腾"！你会情不自禁地敞开胸襟，轻松愉快地释放心灵。身在山庄忘思亲，此趟天堂不虚行！

　　圣人堂基础设施完善，有5000平方米的绿化广场和停车场，硬化的山庄主干道上安装了太阳能路灯。随着形势的发展，圣人堂村以旅游业为主导，旅游助推村级经济发展。注重硬件建设，诸如：文化广场、游娱项目，改造农田体验农活。深山里农庄别墅、道路、花坛景趣奇缘，与大自然融为一体，真是名副其实的中南旅游村。

　　圣人堂交通便畅，服务设备完善至臻。山庄共有30多个标准间、总统套间和多媒体会议室。能接待会务、旅行社和公司团队。旅馆、餐饮、商铺等比比皆是。山脚下的小楼错落有致，有固定的停车位，还有星级标准房嘞。

村办专设豪华休闲厅、棋牌娱乐一应俱全。时不时还有农妇们自编、自导、自演的游娱活动。在圣人堂看民俗风情表演，观田园风光、峡谷漂流，赏大别山奇石，的确是一种高雅的享受。

大山里的秋景林寒涧肃。落日退去，皓月当空，星星眨巴着眼，圣人堂已是灯火通明，广场上响起悠扬的歌声，妇女们翩翩起舞。小伙们携女友和游人一道夜宵烧烤，举行舞蹈游戏、篝火晚会，也有游人自己举办K歌会和各种娱乐活动。晴朗的夜晚，火树银花不夜天，到处一片欢腾。笔架山边的夜空十分静谧，游览天堂梦想成真，甜蜜和快乐已悄悄地进入你的梦境。

景区给游客营造了一个良好购物环境，将购物、休闲、娱乐和游憩有机地结合在一起。景区购物如同览胜一样开心，琳琅满目的山货俯拾皆是，可以货比三家。首选大别三宝：杜仲、天麻、茯苓。还有天堂奇石、大别根雕、项链手镯、各类饰品、手工制作的鞋垫香囊、儿童玩具，这些会让你爱不释手、悦目赏心。干鲜果品、糖炒板栗、大小鲜柿、柿饼柿干让人垂涎欲滴。极具营养益健康的玉兰、石耳、荆芥、苦菜、松菇、白花菜，还有特色手工油面、营养葛粉、金银花露、茯苓饮品令人目不暇接。诸如腊肉、野猪肉、野羊肉、野兔肉也应有尽有。或离开罗田时，溜达一下大别山特产超市，你一样可以稇载而归。秋冬季节可以参与打糍粑，春季还能吃到"软荻粑"和观音豆腐解馋。在农家菜馆首选山肴野蔌，品尝天堂湖里的野生鱼，山珍野味在景区山庄保你尝个够。山里人憨厚好客，笑脸相迎，到处洋溢着浓浓的山乡风情，是踏青、赏景、购物、休闲的绝佳之处。"中南旅游第一村"货真价实不虚名。

大别山主峰脚下九资河镇位于三省、四县交界处，集老区、山区、库区于一体，是湖北省唯一的国家级绿色低碳经济示范重点镇。党委政府坚持改革兴镇、绿色强镇、旅游富镇的发展理念，用旅游带动第三产业，让绝大多数贫困农户走上致富之路。九资河借助风景名胜区、全国重点镇之东风，着力提升服务质量，使之成为名副其实的旅游重点镇，吸引更多的游人来九资河朝"圣"，览胜！

第十九篇　白庙多姿人歆羡
东腔演绎致富泉

【毛东风　摄】

人们都说天堂寨、薄刀峰风景优美。其实白庙河的风光同样春和景明。白庙河的山绵延绵亘、千岩峻秀、葱郁浓荫。参差不齐的群山，林海莽莽松涛阵阵。鸟儿歌唱似金石丝竹之音响遏行云。白庙河水源自岩层，溪流哗哗吐纳着天真地秀，发出娓娓动听的强音。无数条山涧涓涓地流淌，汇入广袤无垠的水库——跨马墩。库水风平浪静，宛若镶嵌在群山中的一面明镜，蔚蓝色天空辉映着库水，竟是那样剔透晶莹。白庙河的景色是大自然的一幅绝作，天工造就春月秋花，却明珠蒙尘！

跨马墩水库是白庙河的一张名片。昔日跨马墩是一片沃野良田。话说其中有一快八角形的稻田，被一农户买走，这农户养了一头叉角黄牛。一次耕田时，跑来一只麋鹿睡在田中晒太阳。于是堪舆先生说，这是块风水宝地，以致流传有那句谚语：

叉角黄牯八角田，一只麋鹿在此眠。

有人睡得此棺地，后代定要出状元。

事后出状元与否？笔者尚未考证。不过白庙河的确是个好地方。二十世纪六十年代在这里修建了一座水库。

如今人们在跨马墩水搞起了水产养殖、垂钓漂流、环库周游。坐船欣赏库畔苍茫的群山，还有陡峭悬崖、密布溪流、高悬的瀑布。美丽的库心岛，后称"猴子拉牌"，它位于水库当中，南来北往的人，说那是山乡的小风景地。曾任罗田县委书记文长福，将它与东湖相比"东湖有个湖心亭，罗田有个库心岛"。这库心岛原名叫"雨坛垴"，原由九条支流汇合而成两条河流，交叉处就是雨坛垴，也就是现在的库心岛。库心岛如同厦门的鼓浪屿，有似陶渊明所言"不足为外人道也"。库心岛芳草嫩绿野花满地，成了世外桃源，有人称它——桃花岛。你可以去岛上感受与世隔绝、悠然自得的清静。

白庙河镇版图面积178平方千米，海拔1600米，位于生态画廊的末端，罗田、英山两县交界处。东出英山，北接河铺、胜利，罗九旅游公路横穿全镇。出境往北到达薄刀峰、往东直上天堂寨顶。诱人的桃花岛、重重叠叠的梯田、名贵的药材园，还有三眼温泉……优兮！优兮！白庙河不愧是鄂东的桃园胜景。

来白庙河旅游可以说，彼无一任不往，往必满载而归。白庙河在湖北"特色文化村"榜上有名。这个镇风光旖旎、人杰地灵：一、东腔戏的发源地，戏剧的"活化石"，戏文化之根；二、白庙河历来富庶，历史上两位皇帝徐寿辉和朱元璋，就是从白庙河讨米之后发迹的；三、南宋时期朝廷择肥而噬相中此地，因此把江西人迁至白庙河插标（即移民），说明白庙河发展的潜力巨大；四、抗日战争时期日本兵发现杨桃尖山顶上有两炬"神烛"，其实，那是神灵护佑白庙河这块风水宝地啊！

卖刀的人总说自己的刀快，卖瓜的人都说自己的瓜甜。是骡子是马，牵出来遛遛吧！请随导游一路，领略白庙河的风土人情，风景名胜定会让你不枉此行。景色天造地设，兰芷之室好奇尚异，游览过后会恋恋不舍，定能滋生再来白庙河陶情养性之心。

闲言少叙眼见为实，择近及远一睹为快吧。顺罗九公路北上到马面冲左拐弯，眼前是一片开阔的稻田。来往的人车均从渡槽下经过（渡槽是跨马墩水库的灌溉渠道）。你已经踏进了第一道风景线。

沿着蜿蜒曲折的乡村公路越往后，两边高山之间的距离也越来越窄，最窄之处还不到500米宽。原来它是一个喇叭形的山冲，从罗九公路进村约莫三千米，僻静的村庄远离市井却井然有序、整洁幽静。无须导游介绍，一看就知道这村庄非同一般。走出车门一股树木、花草清香的气息扑鼻而来。四下打量，东边山形就像一张马脸，人称"马面冲"。传言古时不晓得从哪里跑来一匹野马，专门偷吃冲里的稻谷，因此粮食年年歉收。后经堪舆先生指点：在它的对面雕一尊石狮子，就给镇住了，至今还能看到石狮遗址。自此以后冲里年年五谷丰登。马也没来吃庄稼，现在只看到马的一张右脸。这传说还有几分真实性。然而马面冲还另有其说，在明朝以前，此处叫"桃花店"，不过桃花店与马面冲之间相隔一段距离。明郡守卢睿过周家寨时，把马面冲当作桃花店，并留诗为证：

野水鸣深谷，春山晓气笼。

一犁人喜雨，到处马嘶风。

日色开新霁，桃花散晚红。

儿童还爱我，骑竹小桥东。

这诗中的"马"，是马面冲。"桃花"就是在明朝之前这里方圆五里路，统称为"桃花店"。马面冲后一条溪流，名"双龙溪"，也就是诗的开头语，它

【纪鹏飞　摄】

发源于天花坪林场，由郑家塆汇入义水河。双龙溪当地人又称其为"龙垱沟"，因溪流分为两股，从悬崖绝壁的高处一落千丈，其中一条溪流约莫数丈宽，而且溪流常年不涸。只要天气晴朗，随时可以看到彩虹。溪流溅起的水花如尘、如雾、如烟，在阳光照耀下美妙奇幻。每逢晴朗的早晨（遗憾的是笔者来时已过九点），如烟的水花慢慢变成一道彩虹，可谓：高山流水入潭中，龙须带雨幻彩虹。两条瀑布犹似空中悬挂的两匹白色绸缎，又像两条白龙，故名为"双龙瀑布"。站在瀑布下的水潭旁边，仰望溪流从天倾泻，越过头顶白练腾空。两条瀑布之间的悬崖上还有一个石洞，有人说那是水帘洞。

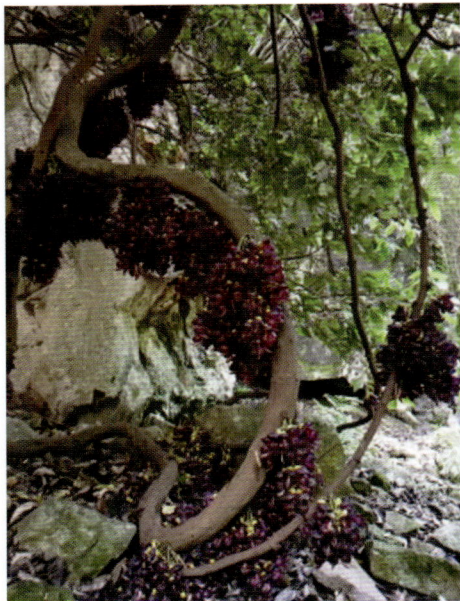

【周广才　摄】

　　踏着拦河堰的石墩溯溪而上，越往上几乎越无路可攀，不得不拉着藤条，扯着人工打造的铆链，步履艰难地在陡峭的石板上攀爬。无须找医生测试体能，自己就可以见证自己的实力和胆量。身边参天的古树、盘根错节的枝藤，像是专门撑起的遮阳伞，又像是搭建的凉篷，钻进"凉篷"望不见天空。森林中千年的苦楮、万年的栎栗、古松目不暇接。唯独那颗柳树生出五个枝丫，如同五个伙伴，人称它为五龙柳。它生长在溪流之中，无论风霜雨雪，任凭洪水冲刷仍然傲立苍穹。不得不敬佩它坚忍不拔的毅力，当地人说那是祥龙护佑。水潭里石花鱼时不时地浮出水面，青蛙蹦蹦跳跳偶尔从水里探出头。黄鹂鸟、画眉、云雀叽叽喳喳，像是举行迎春演奏会。体味森林中林茂色鲜千姿百态的意境，心胸开阔，心地舒坦，不饮自醉。

　　峡谷中有一大片罕见的三叶青藤，植物学者称它"常春油麻藤"。在自然界中大部分鲜花都在树梢、枝杈上开。奇怪的是，常春油麻藤花独具一格竟在树干上开。常春油麻藤尽管藤茎粗壮，但它必须倚傍"大款"，继而相互纠缠，生长在水雾弥漫阴森的岩崖旁边。而且它花型独特，开紫红色铃铛形的花朵，乍一看，貌似一串串紫红色的葡萄，又像一束束深红色的鲜花插在树干上。它散发出悠悠淡淡的榴莲香味，每年与兰草花争芳，与杜鹃花媲美。但它不像兰草花和杜鹃花那样昙花一现。这种花色彩艳丽花期长，绝难一见。常春油麻藤还叫牛麻藤，属稀有物种、名贵的中药材，有化淤活血之功效。

周家寨下方圆五十米都能见到牛麻藤。除此之外，我国的湖南、四川、福建以及鄂西北的郧西县、五峰县等极少数地区才有。饱览如此绚丽夺目的鲜花，令人倾倒，心情开朗、舒畅！

阳春三月来这里登山吸氧，看双龙瀑布，赏牛麻藤花和兰草花久而弥香。享受深山老林里清凉的新鲜空气沉醉不醒，胜过在城市看花市、逛公园。在双龙溪里游山、玩景、攀岩，乐享山水情趣。顺着清澈的流溪，踩着青石板上绿色的苔藓，小心翼翼地往上爬。累了选择一个"凉篷"，坐在沁凉的石板上歇息，渴了咽口甘醇的山泉解乏。眼前窈窕的云雀细语轻喃。身在深山一恍然倍觉意暖！旁边是鲜艳夺目的常春油麻花和能唤彩虹的双龙瀑布。看到迷人的景色，会情不自禁地激发人的荷尔蒙。一位游客见此情景不由感叹：

古名桃花店，今唤马面冲。

朱雀一匹骡，玄武两条龙。

树茎开奇花，瀑布焕彩虹。

好时光总是那么短暂，此时已饥肠辘辘。下山去农家小苑，喝一杯深山采摘的观音茶，啃一个软荻粑。调转车头去白庙河街农家餐馆，老板还会讲白庙河的起源：

白庙河源自于江家寨的漕河，与南下跨马墩河汇合。白庙河老街东岸漕河出口处，有个细山嘴，过去有座白庙，该镇与此河均由此而得名。相传白庙系附近某地迁此，供奉总管神。白庙原是祭祀该教白佛金刚禅，故称白庙。

昔日漕河的出口处有一石船（已毁）。传说徐寿辉在石船上凿眼挂帆大告天下说："天意神助起事，石船当出河口。"后石船果然滑出河数丈。因之借天意神助，才决定出兵。其实就是事先派人将石船底下凿空，在漕河上游筑坝蓄水。待众人前来观看时爆竹齐鸣，上游听到爆竹声掘坝，洪水汹涌而下石船当即滑出数丈。众人信以为真跟着徐寿辉造反。

《罗田靖乱记》记载，罗田一部分人的祖先，是当年从江西的瓦西坝迁移而来。南宋时期江西（瓦西坝）人移居罗田白庙河，在白庙河和多云山中传习白莲教、白云宗，影响深且久。先人并非自愿移民，而是官府派专人押解，用绳索捆绑押解过来的。可想而知移民路途中所受的摧残和艰辛。需要如厕才解开绳索，俗称"解手"：小便仅解开一只手，叫"解小手"，大便则解开双手，叫"解大手"。所以后来老年人走路，习惯双手反剪，自成捆绑姿势。因此，"解手"一词成为人们的习惯用语。

由于白庙河历来富庶，深受朝廷赏识。就连那些皇帝也来白庙河旅游。这不，乾隆皇帝和他的好友三下江南游月山庙时留言："月隐华池日独明。"月山庙又名"乾山寺"。次年乾隆皇帝还派两钦差送来一块金匾"天堂秀月"。自此乾山寺便一举成名。馨香祷祝，僧尼香客、善男信女络绎不绝。

白庙河的生态环境是花朝月夕啊！"绿水青山就是金山银山"是白庙河的座右铭。良好生态环境离不开群众的精心呵护，优美生态环境普惠民生福祉。遏制竭泽而渔，让绿色在人们心目中常驻。弘扬农耕文化和山水文化，是镇、村发展的第一要务。为了呈现"一村一景，一村一韵"的自然生态塆落，采取垃圾、污水统一规划集中排放，杜绝砍树挖山，避免水土流失。展示塆前小桥流水、屋后石径竹篱的自然景致。游客看得见青山、望得见绿水。依托古村落、古建筑、古树名木、历史遗址，打造独具特色原生态的白庙河。把争创绿色家园，作为评价党员干部工作好坏的标准。探寻古岩洞、名山奇峰、峡谷沟壑等无与伦比的自然奇景，亦能见证地球之演变，天地之神功，展示原生态白庙河。不少村庄仍然保留古朴的风貌，塆前屋后一株株虬曲苍劲的古树，布满了岁月的皱纹。一把把撑开的巨伞，记载着大自然阳光雨露所赋予的年轮。形状各异的怪石，似乎是众人簇拥着伟人。白庙河石头千姿百态，给白庙河这本"画册"涂抹一笔浓彩。

想看石头？请跟导游去看一个带有人气的怪石。话说枫树铺村有一奇石，外形像只蘑菇，人称"降龙石"。相传西海龙王的二儿子，生来喜好女色。一次随父亲上天庭为玉皇大帝祝寿，七位仙女也来歌舞助兴，当第六位仙女靠近小龙王身旁时，小龙王见她美貌动人上前扯住衣袖，既而搂抱调戏。玉帝龙颜不悦，西海龙王心想这回摊上了大事，便找太上老君寻求良策。老君掐指一算，摇了摇头，知道得罪了玉帝，也无回天之力，西海龙王为了保全自己，便将"孽障"打到凡间，恰恰落在白庙河边。仙女们于是纷纷向玉帝进言，要惩治这个"孽障"，再不能让它伤害无辜。终于天降神石将它拦腰压住，让其继续修炼。仙女们拍手称快，于是后人称此石头为"降龙石"。

这石头说来古怪，一个大约百立方米的圆形巨石，全凭直径不到3米的圆形麻骨石支撑。上下间距约5米高，远看这石头就是一只巨大蘑菇。"文化大革命"横扫"四旧"，打倒牛鬼蛇神，红卫兵认为这石头属牛鬼蛇神之列，决定将它炸毁。一帮人便带上绳索、木梯及工具。当爬到石头顶上时，不料石头却自动摇晃起来了，令人不寒而栗，最后不得不放弃。

说"降龙石"能自动摇晃，还有比它更神奇的石头，而且能自动行走。老人周汉文就讲了这么一个例子。四屋塆对面有个石头叫"皇帝垴"，人传是朱元璋的"龙椅"，其实就是朱元璋当皇帝之前所坐过的石头。朱元璋出生安徽凤阳，小时候家里很穷。从凤阳讨米翻过青苔关讨到白庙河，在大地主七官人家放牛度日。因朱元璋的头上长有癞痢，所以人们送他一绰号，叫朱细癞（儿）。一天他和另外两个放牛的细伢，在四屋墀对面石头旁边说，我们到石头上坐，做皇帝。那两个相继坐上石头，朱细癞（儿）一拜石头就倒了。可神奇的是，朱细癞（儿）坐上去，两个细伢一拜，石头四平八稳。第二天朱细癞（儿）坐在那个石头上喊"走"！石头真的走了，由下面走到上面，也就是现在的地方。说石头能走恐怕谁都不信。然而，2016年3月央视科教频道多次报道，国外也有一巨石自动行走的画面。再回想朱细癞（儿）坐的石头能走，也就不算是稀奇事了！所以那里的人把那个石头称为"皇帝的座椅"，也有人叫"皇帝墩（儿）"，其实就是朱元璋坐过的石头。

朱无璋帮七官人放牛时，有一回他叫两个伙伴拿来杀牛的工具，到山沟里把牛杀死煮着吃了。两个伙伴说，要是主人知道了，那还了得！朱细癞（儿）说："不怕有我。"于是他把牛尾巴插进土里，跟土地菩萨说："如果我叫你做牛叫，你就叫。"第二天主人问牛在哪儿。他说："牛钻进土里去了，不信你去看。"当主人一拉牛尾巴，的确牛叫了，而且尾巴入土越来越深。

有天周氏家做五份为祠堂上梁时，有人说朱细癞（儿）会说四言八句，叫朱细癞（儿）说几句吉利话。朱细癞（儿）便脱口而出："门对兔儿坨，万年永不朽，好到好，就是抬不出大轿……"事后两位放牛的伙伴听说朱细癞（儿）做了皇帝，准备去看儿时伙伴，行至半路上又恐朱元璋嫌弃，会加害他们，于是自畏便上吊而亡。后来朱元璋听说儿时伙伴死了，便托人带一纸条："遇地于葬。"最后他们被葬在麻栗坳（后被跨马墩水库淹没）。

据考证朱元璋小时候的确是放牛的出身。而且朱元璋是安徽凤阳人。白庙河离安徽不远，翻过青苔关就是。可见老人讲的故事还有几分真实性。原来在大别山南麓竟然留有这位草根皇帝的儿时趣事！

说起白庙河的石头，除了降龙石、皇帝墩，还有恐龙蛋化石。罗田是世界地质公园，古陆核、冰臼群、榴辉岩见怪不怪，地质本来就与众不同。早在二十世纪六十年代李四光就将罗田岩石厘定为淮阳山字形构造中部脊柱部位。恐龙蛋化石仅限于晚白垩世红色黏土岩中。当然到底是不是恐龙蛋，有待学者和专家们去进一步考证。

金盆地与河铺、九资河三镇交界，地理环境、景点特色鲜有其比。白庙河党委、政府围绕 "国家级休闲农业、打造乡村旅游观光示范区"，与外地客商共同投资，规划三期建成。集约白庙河、河铺、九资河三镇39个村，建设成罗田北部一流旅游休闲度假区，为我县全域旅游注入新的活力。景区分为风光旅游区、佛教文化区、避暑休闲度假区、林特公园区、特色畜牧区、水上乐园区、绿色生态区七个区域，包含狗耳尖、鸡鸣尖、大屋基等景点。第一期佛教文化区正在建设之中。

略数白庙河的景点，有宋神宗时期名相王韶墓、太阳庵古刹、白庙寺、荣华寨。它们各有道不尽的传说和故事。荣华寨位临白庙河东面，与英山交界。清朝咸丰年间当地名人许荣华于此山建寨因之得名 "荣华寨"。1940年英山县县委书记傅新堂为发展地下党员，在荣华寨的龙儿河上搭起了一座便桥，人称 "红军桥"。这桥方便了当地民众，也为当时的革命运动立下了不小的功劳。

列举白庙河的名山，有鸡鸣尖、狗耳尖、金盆地、钵儿瑙、天花坪、金狮岩。白庙河蕴藏着珍贵的药材，有茯苓、天麻、甘草、板蓝根、苍术。苍术的表面为灰棕色，具有燥湿健脾的功能，可治疗寒湿吐泻、心腹胀痛、水肿胀满、脾虚带下、足膝痿软等病。也可用于驱蝇，将干燥的苍术根茎点燃清香盈室，使人神清气爽，蝇蠓闻之即逃。

白庙河温泉早在二十世纪六十年代就与三里畈温泉齐名。枫树铺村就有三处泉眼。第一泉直接从花岗岩裂隙中流出，在气温28℃时水温53℃，第二眼位于河沟桥下，第三眼裸露于稻田中。清光绪初年当地有一位乡绅叫周默斋，他看见周围群众在温泉里洗衣服、洗澡，秩序混杂，而且男女不分有伤风化。于是他独自作出规定：每天上午让给妇女洗衣，下午才让男人洗澡，这个规定得到当地群众拥护，以致延续一百多年。

镇内突兀森郁的山林中，多如牛毛的巨石上不平的棱角，显现着大自然沧桑轮回。导游讲起鸡鸣尖、狗耳尖稀奇古怪的故事口若悬河，而且深受攀岩者的笃爱。不妨去现场来一次登山探险，你会赏心乐道。狗耳尖海拔1009米，位于白庙河与河铺交界处。山顶为两大石峰并列，中间一山相连，形似狗的耳朵。山上大小洞穴十余处，其中有六个大洞，曲折宽阔，能容百十余人。康熙时名流王光运《游狗耳尖》诗曰：

悬崖径石奥，一隙度云眠；

藤影穿残月，松阴接断烟。

林幽猿梦稳，径曲鹤声园；

当日避秦者，不知此洞天。

《嘉靖罗田县志》曰："县东北六十里曰狗耳尖，两山并起，形如狗耳。"狗耳尖除山势像狗的耳朵之外，最显著的特点：狗耳尖顶有块方圆不到两米的一个圆圈区域，有密集成群的狗蝇（形似苍蝇，夏天钻进狗的后腿、耳朵之内吸血），有人亲眼得见。狗蝇专门叮咬人、畜的丹田。也有人说那是"石猫"（农村土话），它是一种很小的蜂。但"石猫"只在田间石缝才有，别的地方根本看不到。这种狗蝇，它也从不飞往别的地方。就因为这山名叫"狗耳尖"，而且狗蝇总爱往狗的耳朵里钻，所以说它是狗蝇也不无道理。要弄清到底是蜂还是狗蝇，只得实地求证了。

鸡鸣尖高988米，位于河铺、白庙河、大地坳交界处。《康熙县志》："该山山石耸立如笋，四周陡绝，山顶昔建有铁瓦真武庙，康熙十七年白昼自焚，后又重建，必牵铁索上山始能至庙。庙旁悬一石，状若鸡冠。山下村民时闻山上有鸡鸣声，故名。"因其顶部山高风大，岩隙、怪石林立，如遇刮风自然会发出怪异的声音。石隙中生长的黄山松，树矮围大，景色奇特。

今天的白庙河党委、政府不忘初心，牢记使命。借国家政策的东风，引领34000人共同绘制宏伟蓝图。瞅准了深山旅游这无与伦比的商机，利用独特地理环境，以休闲旅游为切入点，党员干部结对帮扶，精准扶贫不落一人。党委、政府大力推进村镇经济转型、优化产业结构，全面提升群众幸福指数。本着"旅游富镇、开放活镇"的理念，将贫困偏远山沟变成旅游休闲区，诸如：潘家湾一念谷、龙凤谷漂流、大别山民俗文化园、外婆桥生态农庄、马面冲双龙溪等特色景点。来白庙河的游客天天爆满，村民席不暇暖。昔日囊中羞涩的农民，如今变得富裕起来。

白庙河淡墨风姿，仿佛是一首天赐的诗篇。看过这里的山水风韵、人文奇景，让人爽心悦目、乐不思蜀。诗人黄柏春赞颂家乡：

大别山蛮白庙河， 奇山异水彩云多；

香菇赫赫撑巨伞， 怪石偷偷上土坡。

金锁嵌龙囚黑壑， 花岗喷火煮青螺；

游完此地谁思返， 愿到仙乡住洞窝。

看过了诸多景点，听过了神奇的传说，再去看一场东腔戏，此趟旅游尽善尽美！白庙河散发出浓浓的乡土气息。有着高雅的艺术氛围，它是东腔戏的发祥地。这古老的剧种起源于唐朝，盛行于清朝，后世相传。这里有典型的田园文化：农民插秧、薅田、采茶、打夯，时常唱起畈腔。尤其是到了收获季节，人们三五一伙肩挑草垛打着"哦呵"，乐享丰收的喜悦。独特的民间文化逐渐演变成"东腔戏"。清朝中叶京剧的祖师爷余三胜将东腔戏再次创新，使之发扬光大。东腔戏在白庙河一带根深蒂固。如今东腔戏以省级传承人许继生（年过八旬）为台柱，同时还培养了一大批爱好者。他们深深地体会到，唱好东腔既能传承民间艺术，彰显白庙河的历史和特色文化的魅力，还能发家致富。

随着国家三农政策不断推进，农村文化艺术百花齐放，白庙河镇亮出东腔文化这张旅游名片，借此引领农民脱贫致富。扶贫接上了地气，民间艺术诠释经济价值，既传承了民俗文化，又助力精准扶贫。游客来白庙河除领略山水文化、美食文化之外，同时还能赏析古典戏剧艺术，能亲身体验"活化石"的韵味。东腔文化已成为农民致富源泉，成为白庙河特色观光游和精品娱乐之旅的重要组成部分！

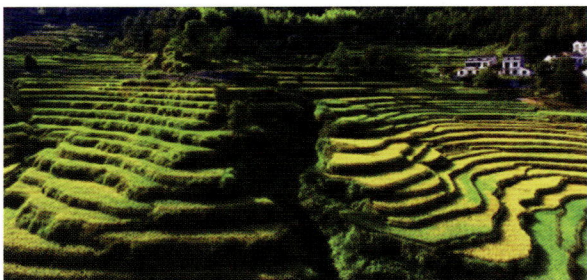

【李茂 摄】

到白庙河旅游一定得去潘家塆欣赏田园风光。天堂寨主峰脚下的潘家塆村风景怡人，是湖北特色文化村、致富典型，魅力影响湖北，传奇吸引大江南北的游人，武汉、黄石、鄂州前来观光的客人络绎不绝。最吸引眼球的鄂东胜景：古梯田、古树木、古城墙、古岩洞——座座青山紧相连，层层梯田绕山间。眼前的山水、树木、岩石、壮观的瀑布，令人扼腕兴嗟、神怪气愉。

在白庙河信手拈来的故事里就有发生在海拔938米高的主簿寨。话说南宋时期，一胡姓年青女主簿在潘家塆一带为民治山治水理财政，惩恶人御外敌，所辖几十平方米内民泰安和。农闲时，主簿动员青壮男丁，借山势修筑城墙延绵数里，建炮台、壕沟、屯兵池等作战设施一应俱全。城墙下建有兵房20多栋，百姓联户而屯，置入城墙防护之中。一时间，民众安居乐业，夜不闭户。然而封建割据，好景不长。元末红巾军人多势众，攻入主簿地盘两军交战百余回合，终因寡不敌众，女主簿腋夹两个簸箕，纵身一跃，如神鹰展翅随风而去。

千百年来这个传说，给当地人们留下神秘的遐想。潘家塆这块水木清华的处女地自南宋至明朝，农民在800多米高的山上用石头垒起梯田。梯田上云雾缭绕，顺山势蜿蜒，春天看像在天梯上覆盖绿色绒毯；秋天站在高处望，黄澄澄的稻穗兆丰年。潘家塆有得天独厚的自然条件，有历史遗留的名胜古迹。你会惊叹天工造就潘家塆的风姿，这趟潘家塆之旅不虚此行！

大自然赐给潘家塆一片神奇的土地。潘家塆人不负所望，在上级的大力支持下，终于走出了贫困，并把它打造成为全省"特色文化村"。市委组织部副部长雷新威进驻后，扶贫目标到位，扶贫措施得力。扶贫扶智，搞特色旅游，启迪潘家塆人的智慧，找准了脱贫致富的切入点。潘家塆村也因人成事，利用天赐的资源，借助党的好政策和外来之力，被打造成全省的亮点。如今潘家塆村富了，农民的荷包鼓了。那些脊梁陡坡、沟沟坎坎已撰写出一部旅游巨作，成了金墟福地桃园胜景。潘家塆这盏明灯不仅在鄂东发光，而且正在全国闪亮。潘家塆村感恩市委组织部，为他们开辟了一条通向富强的金光大道。农民摆脱了贫困，焕发了青春。正所谓：扶贫扶得精而准，山沟扶出了个旅游村！

第二十篇 改革兴邦求发展 筑梦跨入富强县

　　罗田县县名由来已久，历史悠远。它的前身是南梁的义州，州治匡河四口塘旧县畈。《资治通鉴》："北齐天宝十年、南陈永定三年（公元559年）五月，定名罗州田氏县"。即罗田县成立之日，距今1458年。《梁书》载："普通四年（公元523年）六月乙丑（初十日）分霍州置义州。"这里的义州就是罗田。因此，罗田县名是由"罗州田氏县"演变而来。[①]《光绪罗田县志》又云："谓宋文帝（刘文隆）时，有叛将司马黑石三人来此，勾结巴水蛮人劫掠。被巴蛮酋长田光兴、文小罗助其剿灭有功。设县时盖取两人名姓称'罗田'"。两种说法均有待进一步考证。但无论哪种说法，对于今天的罗田来说也无伤大雅。

　　古老的中华民族在近代经历过半殖民地半封建社会近百余年的屈辱历史，是毛主席领导中国人民赶走了列强，消灭了豺狼，砸烂了脚镣，挺起了胸膛。中华民族以昂扬的姿态屹立于世界的东方。罗田沐浴着党的阳光，于1949年获得解放。同年3月19日成立了中共罗田县委、罗田县人民政府。书记刘敏，廖鹏任县长。

　　毛主席以"九天揽月、五洋捉鳖"的大无畏英雄气概，为中华民族描绘出富国强民的宏伟蓝图，开启中华民族的百年梦想。改革开放以来，一系列利民的好政策，特别是废除延续2600多年的农业赋税，打开了农民脖子上的枷锁，引导农民慢慢走向富裕起来。今天，习近平总书记领导全国人民继续砥砺

---

　　① 摘自蔡炳文《罗田县名阐述》。

奋进，实现"两个一百年"目标。民众享受到许许多多、实实在在优惠政策，如养老保险、医疗保险、大病救助、高龄补贴；高龄免费公交、免费公园游，让老人安享幸福的晚年；农村贫困户危房改造异地搬迁，形成农村城镇化，城乡一体化，拉近了城乡距离；农民享受种植、养殖补贴，农药化肥、农机补贴，危房补贴，特困补助，生活一天天好起来。今天的中国农民腰杆硬了，底气足了，幸福唯美已成为现实。共产党把罗田建设成了人间天堂！

有国才有家，国强家才富。抚今追昔，在封建社会的历史长河里，罗田一直是块藏龙卧虎之地。英雄人物闻名遐迩；他们也曾致力于改变罗田。然而，时光推移时代变迁，罗田仍然是一片茫然，河山依旧是"沟壑渊潭"。百姓始终在水深火热之中回旋。是毛主席扭转了乾坤，改写了历史，将满目疮痍的河山建设成锦绣天地。伟人和全国人民一道艰苦创业，过着菲食薄衣的生活，坚持自力更生不求奢望，心情乐呵而舒坦！

上溯中华人民共和国成立初期，看看能反映那段岁月的照片，它激励人们去拼搏、去创新、去发展。落后的生产关系束缚了人们的手脚，阻碍了生产力发展，农民墨守成规，按部就班地耕耘老祖宗留下的祖业。日出而作，日落而息，年收入不到三百元。三餐咸菜稀饭，百姓长期处于低收入水平线，恩格尔系数稳中无降。国内生产总值递增速度极其缓慢。土坯瓦房摇摇欲坠，四世同堂栖身于不到百平方米的空间。穿衣利用化肥包装袋，缺乏燃料而去砍伐山林，最终青山变光山。去趟省城一路尘土飞扬，百多公里路程，得花十几个小时的时间。

是思想解放成就了改革开放，是改革开放破解了发展难题，释放了活力，使大地回春、万物苏荣；是改革开放结束了粮票、油票、肉票、布票的历史。人们终于摆脱了贫困，饔飧不继的日子已一去不复返！中国共产党为罗田撑起了一片蓝天。历届县委、县政府励精图治，兴修水利、再造良田，发展经济、保护大自然。如今的罗田，河水清澈道路平坦，物阜民丰天空湛蓝。罗田人已将上苍赐予的河山，装扮得如健美男子般玉树临风、绝世惊艳！

尽管罗田看不到大海，见不到草原。但罗田没有台风，没有海啸，没有恶性地质灾害。罗田四季分明，早在明朝嘉靖年间八景就驰名中原：

凤凰晓日　龙井甘霖　塔山钟声　多云樵唱

秋郊树影　义水西流　铜锣峭壁　石险横江

罗田位于湖北省东北部、大别山南麓，东邻英山，南连浠水，西与团风、麻城接壤，北与金寨毗邻，系大别山山脉，南临巴水长江，版图面积2144平方千米。"八山一水一分田"。地理形势北高南低，河水流向由东北向西南。山川河流占据了罗田版图面积的大半。年平均气温16.4℃，无霜期228天，属亚热带季风气候，春暖秋凉，夏湿冬干。

【李茂　摄】

罗田过去是贫困县，是生产力不发达，制约了经济的发展。那时有人爱用静止的、消极的观点，评价罗田的山山水水。堆金积玉的地方人们却称它"恶水穷山"。俱往矣，再看今天！

自知者英，自胜者雄。罗田的领导面对现实审时度势，落后求发展，穷则思变！历经七十年的不懈努力，半个多世纪的执著追求。终于把山区、库区、老区、有名的贫困县，打造成了国家园林城、国家风景名胜区。还被联合国认定为世界地质公园，今天的罗田是：全国经济林建设先进县、全国绿化模范县、全国森林旅游示范县、全国老区旅游资源开发县、全国基础教育先进县、全国扶贫开发工作重点县。被住房城乡建设部评定为国家园林县、国家风景名胜区。三里畈镇、九资河镇、胜利镇已进入全国重点镇。

我国经济实力已步入世界的前列，高端人才是兴国的关键。政府加大教育投入培养人才，昔日那破烂不堪，百孔千疮的校园不见了，中小学生实现免费教育，学生享受营养快餐。

习近平总书记高度重视教育事业发展。罗田遵循基础教育与职教并重。把职业教育作为脱贫致富方式和手段，以培养实用型人才为落脚点。职业教育是国民教育体系和人力资源开发的重要组成部分，肩负着培养多样化人才、传承技术技能、促进就业创业的重要职责。毕业生是脱贫致富的主力军。

罗田理工中专在湖北省、黄冈市职教系统中名声显赫。学校"以市场为导向"，走教育、教学质量为内涵的发展道路，为社会培养出一批又一批德才兼备的人才。

胡志刚学校毕业后，曾担任部门经理。个人创办深圳铭扬兴业科技有限公司，并被工信部颁发"AAA级信用企业"，获得国家高新企业称号。

贺根是一个农民的孩子，黄冈市十大杰出青年。他放弃武汉工程职院机械制造工程系教师职务，毅然回乡组织农民办起了"民生养牛专业合作社"并担任董事长，成为罗田脱贫致富的领军人。

理工中专是人才孵化器，为一带一路和旅游事业输送了大批的人才。学校多次被评为全国教育先进集体、全国中职示范学校。2009年学校参加教育部全国职教座谈会。时任中央政治局委员、国务委员刘延东出席会议，常务副校长林国书在会上代表中职学校作专题发言，获得国家领导人的赞许，彰显了罗田教育的一大魅力！

大众创业，万众创新。罗田强攻工业大干项目，政府横下一条心筑巢引凤，开发三十平方千米的工业园区，通过招商引资，吸引众多的外来企业、民营企业、私营企业进园区安家落户，借用外来资金盘活了县域经济。工业园区由输血功能转变为造血功能。淘汰一批高能耗、低效益、重污染企业。实行污水处理、管网统一达标排放。在关停重污染企业的同时，推进全县"厕所革命"。如今工业园区污水零排放，呈现碧水蓝天。洁净的环境为企业带来良好经济效益。例如湖北三维纺织有限公司，虽然是民营小企业，却享有自主经营出口权，为罗田赚回大量外汇。

尹国平一手创办的宏源药业股份有限公司是罗田企业的佼佼者、唯一的上市企业和我县的利税大户。企业除生产甲硝唑、乙二醛等多种产品外还研制以二花、茶叶、茯苓为原料的多种饮品，借此提高农民的生产积极性，让农民得到更多的实惠。企业为罗田脱贫致富闯出了一条新路。公司尊崇踏实拼搏的企业精神，以向社会负责为己任，开拓、诚信、共赢为经营理念，着力消除人们心目中的疑虑，打造出"绿色宏源""生态宏源"，实现经济效益和社会效益双赢。

兴商富县是发展经济的根本。新建的大别山商贸一条街，受到众多外地商家青睐。横店电影城、浙江金富春集团、湖北金罗置业、中百仓储、黄州商场等纷纷落户罗田。成为"一站式""多功能"大型城市商业综合体，是罗田的"黄金"市场。

交通是旅游的命脉，旅游者完成旅游活动离不开交通。罗田为加大旅游市场的承载力，建成脉络式的交通体系，使城乡之间人员流通快捷自如。一条条蜿蜒盘旋的乡村公路，像一根根弯弯曲曲的长绳，缠绕山腰，越过山岗。宽阔的道路记载着筑路工人的艰辛。为实现塆塆通、村村通、山山通，无论酷暑严寒他们头顶烈日脚踩冰霜，任凭尘土飞扬，任凭汗水流淌。山庄荒野留足迹，伴随着压路机的歌声走遍城乡。

凤城街道六纵五横，洁容颜靓凝结着"城市美容师"的汗水和艰辛，他们每天挥动着笤帚走遍大街小巷。十来条公交专线均以大别山客运站为轴心，东、西对接分散了人流，消除了交通拥堵，拓展了旅游空间，扩大了城市容量。游客自驾上老塔山、李蟒岩、大雾山、将军寨、石马寨、观音山、黄狮寨。往天堂寨、薄刀峰还有专车接送。各乡镇还配备了旅游景点直通车。

建设部门本着"建一路，绿一线；一街一景观，一路一色"的原则，在市政建设艺术家和设计师们努力下，新建大别山客运中心、江夏大桥、扩建巴源大桥，凿通北城岗隧道，开辟凤城大道、义水北路、凤山大道、栗乡大道、丝绸大道、周锡恩大道。建设一个工业园区，拓展一个行政新区，开发一个锦绣南城，营建一个"五馆四中心"，打造一个义水外滩沿河休闲区。构建舒适优雅、宽敞明亮的图书馆、学校、幼儿园、医院、福利院、政法机关、行政事业单位，让它们均以全新面貌闪亮登场。净化环境建纯净水厂，扩建污水处理厂和公共厕所。这些国之工匠们正在罗田这块靓洁的画板上涂鸦！

罗田2017年又获得社会治安综合治理"长安杯"全国百强。县委始终绷紧社会治安综合治理这根弦，建设"平安罗田"，提升群众的幸福感和安全感。公安机关、行政执法机关、城管执法部门、安全监管部门用恪尽职守、辛勤付出换来了社会秩序井然。旅游必须依托稳定的社会秩序，民众能实实在在地感受到祥和稳定，让民众和游客释怀夷愉、欢畅怡悦！

云游天下览胜河山。哈佛大学校长曾经说过："学会真正的旅游，才是一个人更高级的成长方式。"旅游是罗田的强项、罗田的潜力股，是罗田经济发展的引擎。旅游使社会丰富多彩，市场繁荣、经济活跃。它能塑造城市的形象，让社会变得更加和谐，人与人之间更为亲近。罗田有得天独厚的旅游资源，是大别山革命老区、世界地质公园。县委、政府秉承"生态兴邦、绿色崛起"的宗旨，锲而不舍地做旅游文章，以旅游助力精准扶贫，让农民早日脱贫致富。

对照旅游业发展的四大目标，罗田旅游经济稳步增长，综合效益显著提升，城乡居民出游人数稳定增长，国际影响力提升。罗田属省级旅游强县，距国家强县仅一步之遥。争创全国旅游强县，拓展旅游空间，罗田旅游唱响全国。

罗田文明旅游已蔚然成风，市场秩序井然有序，与旅游发达地区的差距逐步缩小。罗田正从综合效益、群众满意度、国际影响力着手，人人参与旅游。从旅游硬件设施建设上发力，把罗田旅游品牌打向全球！

习近平总书记曾这样告诫青年，"心中有阳光，脚下有力量，为了理想能坚持、不懈怠，才能创造无愧于时代的人生。"罗田人心中有中国梦这缕阳光，有干事创业的力量，在"十三五"期间将继续开创绿色崛起，生态兴邦、旅游兴县，续写中华民族伟大复兴的"罗田旅游篇"！

党中央、国务院、省、市各级领导对罗田的旅游发展和扶贫工作寄予莫大希望。2016年10月前国务院副总理汪洋亲临九资河、河铺、骆驼坳等多个乡镇检查指导，并深入到平湖一个深山沟丛林岗视察扶贫工作；同年3月12日时任湖北省委书记李鸿忠深夜到乌石冲探访，并对精准扶贫和发展旅游作出重要批示。

领导的厚望，鼓舞了罗田人的斗志，坚定了罗田发展旅游消除贫困的决心。本着保护环境就是保护生产力，改善环境就是发展生产力的理念，实现自然和谐、创新发展共赢，户脱贫、村出列、县摘帽。高山偏远农户异地搬迁退耕还林，城区景观面积不断延伸，建设有市民广场、外滩公园休闲区、拨云尖公园、塔山公园、党家山公园、北城岗公园、朱家河滨河公园、三胜园。扩充景观休闲平台，建儿童游乐园、健身球场。着力提升城市规模和魅力，提升居民的幸福指数。建高品位旅游设施，如观光电梯和玻璃栈道，成为名副其实的园林城市。让自然美和现代化设施融为一体，让游客玩得开心、玩得舒心、玩得尽兴！

说到"玩"，过去人们常常把"上有天堂，下有苏杭"挂在嘴边。现在看到的罗田，你不得不改口：江浙有苏杭，罗田有天堂。古人曾嘲讽梁孝王：“梁园虽好，非久恋之家。”①西汉的梁园，远不及今天的罗田。

罗田乡村仙姿佚貌、美轮美奂。罗田城镇灯红酒绿、秦楼榭馆。罗田尤有天堂寨那座万人敬仰的"圣贤"，伟岸和雄奇具有帝王风范。天堂山脉突起于千里大别山，凌驾于黄淮、江汉两大平原之上。如果说天堂寨是帝王，那么薄刀峰则是君主，它遮天蔽日、尺树寸泓、石笋擎天，是一台天然庞大的制氧机。天堂湖是一块无瑕的翡翠，美若谪仙。天堂寨、薄刀峰、天堂湖完美结合在一起，人文奇景胜过苏杭！来罗田的游人迟迟吾行而留恋。罗田像一颗俏丽的明珠，镶嵌在千里大别山之间，像一位亭亭玉立、美貌端庄的少女，具有完美的身材和娇艳的容颜。她玉树琼林百花争艳，姿态容颜形如水粉画一般。罗田遍地皆诗境，罗田无处不物华。身居罗田你会坦然地面对生活中暂时的娓和妍。

罗田人杰地也灵，山秀水也清！这本"画册"太珍贵了，太美了，太好看了！罗田人为之自豪，为之骄傲。低碳千年寿，苍翠万古春。罗田堪比"华山险，黄山秀"。可与泰山齐眉，能与九寨沟比秀。山依偎着水，水映照着山，峰影青山水势回环，美丽乡村春色满园。"春赏山花烂漫，夏沐瀑布飞泉，秋看万山红遍，冬踏林海雪原"。膏腴之浜福泽之地，梦幻的人间伊甸园。神仙见到也歆羡，就连凤凰也随遇而安！

青山隐隐，绿水悠悠，山水如画，百鸟和春。罗田有缤纷的山花、

【华仁 摄】

---

① 西汉梁孝王刘武，刘邦的孙子，被封于梁，以开封为都城。为显示荣华富贵，建了一座巨大的行宫，称梁园。

挺秀的翠竹，是世界地质公园、山水园林县、风景名胜区、中国生态旅游县。随着生态文明的进程，大美罗田像一幕幕迷人的幻灯片，吸引人们的视线。罗田正打造北部九资河、胜利、河铺，依托黄狮寨那几千亩姹紫嫣红、争芳吐艳的映山红，着力把罗田构建成天然的生态画坊，成为五彩缤纷的大花园，展现"青山绿水蓝天碧，百鸟和鸣韵画廊"。罗田给人印象"北部画廊、南部荷塘，休闲娱乐在外滩，还有温泉大浴场"。今天的罗田已成为一副金壶墨汁的画轴。正如《诗画罗田》所云：

春绿秋红锦绣天，流连彩蝶舞蹁跹。

曾来仙女问何处，别梦依稀几数年。

原生态是生命的象征，绿色是大自然的底色，绿色是人类的财富，绿色能给人类带来健康，生态旅游深受旅游者的热捧。习近平总书记曾经说过："……良好生态环境是最公平的公共产品，是最普惠的民生福祉。绿水青山就是金山银山。"树木能点缀美丽人生，水可以拯救人的生命。留住青山，留住绿色，实现经济社会、资源环境协调发展。保护生态，顺应自然、亲近自然、保护自然！构成生态旅游产业链是罗田一贯方针。使用农家肥让民众享用无公害的绿色食品。养殖杜绝饲料添加剂，严格控制二氧化碳排放量。打造绿色清洁家园，让"诗画罗田"雅俗共赏。

天道酬勤，人生在勤。罗田赶上了中国共产党赋予的天时。国家的好政策催人奋进，经济迈入了快车道，与时俱进发展旅游锲而不舍。群众不忘初心砥砺奋进，正努力撰写锦绣罗田旅游篇！否极泰来，旅游事业方兴未艾。罗田旅游事业如同初升的朝阳，焕发出无限的生机和希望之光；像血气方刚的少年开启青春活力，演绎着人生的绚丽诗篇。一位定居国外的人士，看到家乡变化感慨万千：曾经养育他的那片土地早已迥然不同。昔日穷乡僻壤成了温馨幸福的港湾。门前的那条河流建设成了义水外滩。家乡的河山如诗如画，文化璀璨，不看罗田好梦难圆！

人们往往背井离乡外出赚钱，然而，在外面呆久了缺乏安全感和归属感。在罗田创业也一样可以发家致富。罗田海纳百川，容乃为大，商贾云集，积金累玉，正如日中天，是投资创业的热土，能让那些初出茅庐刚刚步入社会的青年，在这里捞到人生的第一桶金，成功人士能在这里续写更加辉煌的人生诗篇。罗田已为贤达和志者搭建好平台，来投资创业一定能实现人生梦想，罗田热诚欢迎！

罗田沧海桑田，多姿多彩，是天上的宫阙、人间的乐土。当你投入她的怀抱，能时时刻刻感受到甜蜜和美满，温馨和快乐与你相伴。在罗田同样能品味出幸福的真谛和内涵，让你畅想浪漫的明天！

罗田的发展变化如同悬崖转石。今天在任何一个角落，街谈巷议那句朴实的口头禅"知足常乐"！的确，罗田的面貌天天在变：山清、水秀、天蓝，看不到雾霾，生活低碳。居有定所，户有私车，百姓穿着像模特（儿），童叟整天乐呵呵。可县委、政府并不知足，罗田尚未进入国家旅游强县，罗田没有彻底消除贫困，没有实现全面富强和两个一百年的奋斗目标，他们是不会"乐"！

后 记

本书已近尾声。读过这本游记后或许你已经品味出它的内涵。从卫星上看罗田仪态万千：上帝的盆景园、人间的伊甸园、童叟的游乐园、青壮年的创业园、少男少女的情趣园。硕大的公园集美丽乡村、名胜古迹、非物质文化遗产、娱乐休闲、自然生态、野生动植物、科研考察于一体。世间绝无仅有的、游客梦寐以求的人间乐园。

在这个乐园中，你可以恣行无忌地游览，逍遥而不受拘谨地游玩。高山风景游、地质科考游、湿地观鸟游、温泉休闲游、美丽乡村游、雕塑实践游、漂流野营游、攀岩探险游、摄影写生游、红色文化游、文明孝德游、鄂东明珠游、历史文化游、庙宇文化游、农耕文化游、东腔民歌游、民俗美食文化游……在这个乐园里定能找到一款适合自己情趣的娱乐新天地。

回眸这人间乐园令人心驰神往，眼前是挥之不去的美丽图案：一面面秀丽山川、一片片沃野良田、一幅幅人与自然和谐画面、一场场东腔优孟衣冠、一曲曲悠扬婉转的山歌、一首首改革发展的诗篇、一张张祥和幸福的笑脸！

七天假日弹指一挥间。辞别罗田山水间，不知何时再相见。来罗田观光无论是过往的看客，还是远在大洋彼岸或回乡省亲的侨眷，都说时光是那么的短暂。随着时光的流逝，站在月台或启航扬帆，挥手道别之时，依依惜别留下永恒的思念。有道不尽的衷肠，诉不尽的情缘。情系美丽大别山，无尽相思到永远！

难怪啊！罗田人都有思乡之念。家乡是一朵永不凋谢的鲜花；家乡是一幅永不褪色的壁画；家乡是一壶浓郁的香茶。网友疏林小曲定居羊城多年，回乡看到家乡发展和变化而惊叹，笔墨横姿泼墨点赞：

罗田魅力赢四海，凸起明珠又一颗。

豪杰描成千载秀，名流推动九朝河。

万里天堂唯大别，五洲红叶数吾多。

岳宋挥枪狮石坳，汉东疗疾圣华佗。

四垮怪石能偷步，枫铺奇菇可镇魔。

一山一水新旧说，乡情乡土古今歌。

优兮！罗田的山峦白云弥漫，罗田的水像一匹绿色绸缎，山水铺陈大别山之渊源。罗田同样是龙的家园，记载着五千年的文明历史和新时代的发展。从中华人民共和国成立以来，罗田人历经七十年的艰辛，已将这片热土塑形成4A级风景区、国家园林县、中南旅游村、湖北特色文化村。三里畈、九资河成为全国文明镇，九资河、胜利、三里畈全国重镇榜上有名！罗田人与时俱进，生态立县，绿色崛起是根本。城乡面貌日新月异！

松涛竹韵、芳草萋萋。青幽幽的岭，绿油油的山。览胜罗田山水风情、风景名胜给你留下深深的烙印。您会更加歆羡这座古老的生态城。结束旅途再次返回到凤山镇，站在县府门前的广场中心，华亭鹤唳、浮想联翩、百感而生：

左凭观音照应，右迎蕙兰香馨。

背依天堂叠嶂，同傍松鹤龟邻。①

罗田的山全国闻名，罗田的水源自岩层，罗田岩石是随珠荆玉、稀世之珍。五大山脉雄奇卓异、突兀峥嵘。五条大河微澜绿水透明纯清，河沙也能变黄金！

---

① 松鹤龟即松子关、鹤皋寨、龟峰山。

　　领略高原湖中的国宝秋沙鸭，对对鸳鸯楚楚动人！这里有湖北第六大漂流谷，华东最后一片原始森林。大自然笔墨浑厚，充满造化之机，将这片热土雕琢得栩栩如生。这样的人间仙境，哪能不人杰地灵？

　　大别山水凝浩气，物华罗田启人文。民间艺术百花齐放，皮影戏、东腔戏博大精深、弦动人心，有戏剧"活化石"之称。罗田的民歌娓娓动听，《大别山上一棵松》余味情韵，一首《罗田老乡》表达出对罗田的思念之情。罗田优渥富饶多姿多彩，乡间的美味水陆毕陈。吊锅越吃越馋；老米酒越喝越贪；板栗、甜柿、贡米、"彩头"、茯苓样样令人欣羡。还有日常生活中脍炙人口的佳肴：

　　琼浆玉液老米酒，莲河水养黑胖头。

　　板栗炖鸡火烧粑，尿粑豆腐野猪肉。

　　腊肉火腿贡米饭，吊锅石耳楚乡酒。

　　荆芥苦菜白花菜，丛菇黄花玉兰头。

　　观音豆腐软荻粑，香椿彩头锅巴粥。

　　殊滋异味罗田有，欢迎光临尝过够！

　　罗田民风淳朴，开放包容，气候温润，环保低碳，四季如春。陪同友人来罗田做客，保准吃得过瘾，玩得开心！大别山的美景，巴源的风情，笔者管窥筐举用文词难以表述。束广就狭罗田人的精神面貌，形胜之地优越的生活环境，再用一段骈俪文谢幕吧：

　　美酒楚乡，板栗鸡汤，茯苓吊锅，裨益健康；

　　地质公园，石史悠长，栈道观光，缆车晃荡；

　　群禽戏海，湖中荡桨，温泉沐浴，雕塑沙场；

　　漫步外滩，观赏荷塘，球艺舞场，聆听东腔；

　　春看杜鹃，夏赏格桑，秋观红叶，冬品梅香；

　　美丽乡村，人心舒畅，今游首都，明逛香港；

　　奋力打拼，讲求时尚，力追迪拜，超越梦想。

　　罗田正步入富强！

跋 文

　　《魅力罗田》既是一部图文并茂的文旅之作，又是一本导游丽典纪念册，借此赢得世人对罗田的痴迷和笃爱，激发罗田人的梦呓乡语！

　　作者历时两年半时间，终于完成了这部罗田旅游记。其间走访了全县十二个乡镇，收集了部分干部、知名教师和离退休人员讲述的各地经典事例、古稀老人的口传逸事等。并就书中相关人物、景点、特色进行实地考察探访。查阅了大量历史文献，以及相关资料。文章还援引罗田官网中那些助人为乐的道德典范，借以弘扬罗田正能量。通过讴歌历史名人和当今的道德楷模树立罗田风清气正、平安和谐的新形象。

　　作品独出机杼汇集了全县美丽乡村、乡音传闻、人文地理、特产特色、名胜古迹、历史传说、旅游胜点、濒危野生动植物以及精准扶贫和现代化建设于一体一脉。通过杂谈散记、掺杂传说寓言、评介议论与抒情，展示当今幸福生活，彰显罗田县委、县政府的责任担当，折射出社会主义伟大复兴的中国梦。其旨在于把古韵生态的罗田、人杰地灵的罗田、红色开放的罗田、极富魅力的罗田推向全社会，以期唤人们敞开双臂，无限热情地去亲近她、热恋她、拥抱她……

　　作品从立意到付梓得到县委书记汪柏坤、县长郝爱芳的关注。县委副书记陈世龙亲自指导、审稿，并予以物质褒奖。副县长秦新平除精神奖励外还给予物质资助，并博得了大家的鼓励和部分县、乡领导关照：

　　中共罗田县委

　　罗田县人民政府

罗田县人大常委会

罗田县政协委员会

中共罗田县委宣传部

郭建民、童伟民、段文俊、胡朝晖、周卫烈、方旺林、李请立、林玲、欧阳畅贤、朱慧、周广才、彭胜华、朱桂霞、董德传、叶永清、徐应超、姚霞林、胡晶、涂新海、刘海、徐生强、陈义贵、王光华，刘晓宇、邱亚林、方瑞元、江毅、张金龙等，都给予不同程度的支持。领导的关心才使作品得以圆满完成。

尤其要感恩以下赞助单位：

罗田县人民政府

罗田县政法委员会

凤山镇人民政府

白庙河镇人民政府

白莲乡人民政府

骆驼坳镇人民政府

胜利镇人民政府

三里畈镇人民政府

九资河镇人民政府

河铺镇人民政府

罗田县城管执法局

鸣谢下列支持和协助单位：

天堂湖湿地公园管委会

大别山国家地质公园罗田管理局

罗田旅游投资开发有限公司

罗田县住房和城乡建设局

罗田工业园区管委会

罗田县统计局

罗田县司法局

罗田县旅游局

房地产管理局

罗田县林业局

罗田县育英高中

罗田理工中专

罗田县博物馆

罗田县志办

罗田县摄影家协会

罗田县曲艺家协会

平湖文化站

匡河文化站

三里畈文化站

大崎文化站

白莲文化站

白庙河文化站

单位协助鼓励，增添了我写作的力量，启迪了信心，增强了毅力。古稀老人周仲文用一首沉博绝丽之词勉励：

诵读罗田魅力，凤毛麟角新异。

真缘大别毓秀，尤萌先孟裔弟。

自白胸中少墨，何言华著有弊。

纵览全章深意，笔底烟花淋漓。

相关抗日文献资料源自于相关历史文献和叶冠群先生纪实。承蒙周国良、黄柏春、周仲文、何保安、陈世清、周汉文、萧家书、吴美莲、田世水、李清华、周其干、郭高攀、丁济儒、朱庆芳、鄂炳文、洪南方、贺正旺、徐新华、方鲜明、周发中、廖家政等口述传闻。王永辉、胡胜军、廖洪峰、李松明、罗资欢、胡远征、陈立军、刘自然、毛群益、闻可、肖曙明、周平、李树松等提供口述和文献资料。

由衷感谢长期研究罗田历史的耄耋老人蔡炳文先生和罗田史学研究者罗锋。他们对书中涉及的历史人物、地理渊源提供了宝贵的参考意见。杨传蕙对天堂寨景点方位、命名予以校正。

谨此向摄影师们深表谢意，是他们提供了精美图片和珍贵资料，才使文章生动贴切、引人入胜。

英文审校周敬之、金轶、周曙光。文章部分素材来源于《罗田文史资料》、蔡炳文先生《天堂游览志》、闫志主编《罗田文选》、方华国主编的《大别山》、朱卫先生的《云山巴水故乡情》。

值得一提的是，作品的忠实粉丝林志峰、周鹏文、曾定军、陈世刚、张友明、叶启方、丁卫华、程瑶等为写作全力支持。

领导的厚望、友人的支持和勉励，萌生我的信心和决心，铢积寸累使作品朴实无华。基于领导、亲友、家人的鼓励拓宽了我的思路，开阔了我的视野，使我下笔行云流水，一气呵成。值此，对给予支持的单位、领导、同仁、亲友、家人虔诚感谢！

朋友们，得到这本书是您我的缘分。读过这本书，您会爱恋上帝赐予的这钵"盆景"；浏览完这本书会激发您对罗田的好奇之心。作为罗田人你会感到骄傲和荣幸。因历史知识欠缺，文中有不妥之处请多包涵；有谬误之处请批评指正。期盼你我共同去深耕罗田，弘扬罗田的山水人文！

名山胜景导游图

罗田四通八达，东出霍邱，北至金寨。直达黄石武汉。为了便于游客览胜。作者总结归纳游览行程：

一、凤城游：塔山公园——市民广场——王道汉松——植物园——图书馆——党家山公园——李蟒岩（万全寨）——玉泉寺——朱家河滨河公园——工业园区——理工中专——凤凰关水库——拨云尖公园——大成殿——义水外滩——甫薇山庄夜景。

二、南线游：榴辉岩——将军寨——黄婆寨——虎母山——望江堎——资福寺——燕儿谷——十里河塘——猪头石——石垅寨——月山庙——白莲蓄能——白莲水库——柳仙观——天明山——胜卦寨——观音山——人圣寺——什王寺——石马寨——大龙寨——豹龙岩——金鸡岩——魁山——旧县畈——凤凰关——濛濛山——晒谷石——牌形塆

三、西线游：黄土岭古陆核——三解元——五广祠——乱石寨——平头岭——大崎山——小崎山——祷雨山——祁祥岭——天马山——蕙兰山——陡坡山——泗泊河

四、腹地A线游：三里畈烈士亭——张家冲——錾字石——袁家畈——云架山——黄道姑尖——金鼓寨——梁敬寨——富居寨——薄金寨——金耳岩——龙潭峡谷——今古寺——古龙庵

腹地B线游：狮子岩——仙女岩——赤膊岩——林家嘴——小蒜坪——骑龙寺——八里畈板栗园——平湖沙滩——古羊寨——鹰窠垱——天竺庵——沙塘角——上冲村——杀盗河——笔架寨——国安寨——黄家塆——燕儿笼

腹地C线游：新昌河沙滩——乌石岩——乌云寨——石峰山——紫云台——扬旗寨——挂弓寨——父子岭——瓦罐窑——叠石潭——鹰鸡岩——冰臼群——天堂电厂——孝子坟——金盆地——龙王殿——鸡鸣尖——狗耳尖——大屋基——龙潭洞——大弧坪——独尊山

腹地D线游：高庙桥——弹弓尖——太公石——万密斋墓——月山庙——古城寨——王葆心墓——望儿寨——白马寨——紫山垴——狮子垴——云盖山——吴家寨——荣华寨——库心岛——皇帝垴——四屋湾——杨桃尖——枫树铺——乾山寺——周家寨——双龙瀑布——潘家湾——主簿寨——江家寨——南宝山——撞鼓岩——进士河漂流——钟鼓滩——万密斋纪念馆——石井头——大雾山

五、北线游（1）：罗浮山寺（幸福山）——胜利烈士陵园——老街、金凤楼——看陈家山戏园——洪家寨——泗洲山——千工堰——脱甲岭——洗儿岭——松子关——铜锣峭壁——香炉观——九龙参顶——黄狮寨——招君寨——雁门寨——大垴寨——五躲寨——涂家寨

北线游（2）：献旗岭——三省垴——青苔关——新屋湾——瓮门关——羊角寨——火炮寨——月亮寨——大弧坪——闻广寨——独尊山——鹤皋寨——天堂寨——徐凤冲——圣人堂——笔架山——黄花垱——飞龙寺——飞龙寺瀑布——麒麟谷——三省垴——关基坪——广化寺（遗址）。

湿地公园风景区，天堂寨风景区、薄刀峰风景区导游另行介绍，不再赘述。游览过程中，各乡镇均有酒店和农家乐，提前预订就餐。

游过名山无数重，唯独罗田大不同，离别思绪千万种，有缘下次再相逢。祝君一路顺风！